글을 읽으며 그의 뒤를 초조하게 밟다가 '아이들이 가장 사랑스러워 보이지 않는 때가 가장 사랑이 필요한 순간'이며, '힘겨운 순간이 아이들에게 가장 접근하기 쉬운 때'라는 것을 깨달았다는 그의 우뚝한 성찰 앞에서 문득 멈춰 섰습니다. 온몸의 긴장이 풀렸고 세상 모든 것이 아름답게 느껴졌습니다. 옆에 있다면, 명성진 목사 그의 손을 다정하게 잡고 울고 싶었습니다.

정혜신 박사

전 세계 아쇼카 펠로우들의 공통점은 진정한 공감 능력의 소유자라는 것입니다. 공감은 어떤 어려운 문제라도 그것을 더 깊이, 끈질기게 파고들게 하는 '하드 스킬'이라는 것을 그들은 경험을 통해 알고 있습니다. 명성진 대표가 아쇼카와의 만남을 통해 비슷한 길을 걷고 있는 체인지메이커들을 만났듯이, 이 책을 읽는 독자들도 체인지 메이커로서 오직 자신만이 세상에 남길 수 있는 '흔적'을 발견하게 되기를 바랍니다.

이혜영 대표

집과 학교 밖의 거리를 방황하는 위기의 아이들이 어떻게 '세상을품은아이들'로, 세상의 체인지메이커로 변화되는지에 대한 생생한 다큐멘터리입니다. 그러나 결국은 위기의 아이들뿐만 아니라, 이 땅에 있는 모든 청소년들, 우리 자녀들 모두의 이야기임을 알게 됩니다. 사랑의 원리와 방법이 시대의 '몸'을 입고 나타나 뜨거운 가슴으로 우리를 껴안아 줍니다.

김현수 대표

인간의 존엄성에 대한 이해와 사랑이 없으면 가기 힘든 길을 스스로 선택한 명성진! 그 길이 결코 평탄치 않은 험한 가시밭길이란 것을 압니다. 그러나 스스로 선택한 십자가이기에 그 무거운 무게를 이기며 오히려 세상을 향해 미소 짓습니다. 상처받은 어린 영혼들은, 바로 사랑을 잃고 방황하는 우리 어른들의 책임이라는 것을 잘 알기 때문입니다.

김종기 명예이사장

청소년들이 아파하는 외침이 들립니다. 결코 그들의 책임이라고만 이야기할 수 없는 청소년들의 문제. 사회의 구성원 모두가 보듬고 가야 할 사회문제입니다. 우리 사회의 미래가 담긴 과제입니다. 그들의 아픔을 진정으로 공감하고 그들과 함께 문제를 해결하려는 구체적인 노력이 녹아 있는 책입니다. 한 문장 한 문장에서 고통과 방황을 희망으로 전환시키고자 하는 저자의 땀과 노력을 느낄 수 있습니다. 위기 청소년에 대한 치유와 회복의 방법론이 여기에 있습니다.

이종수 대표

불통의 시대, 소통에 대한 담론이 무성하지만 설득력 있는 내용은 부재한 채 이런저런 이론이 난무합니다. 이런 상황에서, '세상을품은아이들' 명성진 대표의 체험적 이야기가 책으로 나왔습니다. 진짜가 나온 것입니다. 오랜 시간 현장에서 실천을 앞세우며 아이들과 살아온 저자의 이야기가 이제 하나의 이론서로 자리매김할 만한 수준이 되었습니다. 그 삶의 현장을 가까이에서 지켜본 저로서는 역시 인간에 대한 애정이 실천을 가능케 하고, 그 실천의 나이테가 고목과 같은 단단한 이론을 만들어 낸다는 진리에 다시 한번 공감합니다.

김익태 변호사

개인의 행복이 삶의 중심에 있는 합리적인 시대를 살아가는 우리에게, 늘어나는 아동청소년 문제는 많은 시사점을 줍니다. 절대자의 그늘을 벗어난 행복과 이성이 개인의 단단한 껍질이 되어 각자가 1인 감옥의 간수이자 수형자가 된 것은 아닌지 생각해 봅니다. '세상을품은아이들'의 이야기는 어른들의 문제로 인해 아픈 아이들이 사랑과 공감을 통해 치유되고, 공동체 안에서 다시 살아나는 모습을 통해 이 시대의 어둠 속 한줄기 빛을 보여주고 있습니다.

문선주 판사

우리 아이들이 아픕니다. 우리 아이들은 진짜 많이 아픕니다. 학원 버스를 기다리는 교복 입은 아이들도 아프고, 마을버스 뒷좌석에 하얗게 화장한 아이들도 아프고, 밥차 천막 아래에 모자를 눌러 쓴 아이들도 아픕니다. 아픈 아이들에게 좋은 이웃이 되어준 어른들이 있습니다. 만났고, 얘기했고, 울었고, 그래서 같이 살고 있는 이야기입니다. 예수님이 말씀하십니다. "가서 너희도 이와 같이 강도 만난 아이들의 이웃이 되어라."

오승환 대표

죄가 없는 사람은 이 아이들에게 돌을 던지라고 했는데 마구 돌을 던집니다. 죄로 얼룩진 사람들이 피투성이로 쓰러진 아이들을 마구 밟고 지나갑니다. 한 목자가 피투성이 아이들을 안고 울었습니다. 마구 짓밟힌 아이들을 데려와 살았습니다. '세상을품은아이들'은 피투성이 사랑의 기록입니다. 세상이 버린 아이들을 기적의 주인공으로 변화시킨 이야기입니다.

조호진 시인, 기자

사회적기업가 정신을 가르치는 교수, 차세대를 더 좋은 세상을 만드는 체인지 메이커로 키우고 싶은 사람, 자녀 혹은 다른 사람과의 관계가 막히거나 낮은 자존감으로 절망하고 있는 모든 사람에게 필독을 권하고 싶은 책입니다.

심상달 대표

청소년 전문가들에게 반드시 읽어 보기를 강력하게 권유합니다. 먼저 자신의 가슴 속에 아이들의 이야기가 담겨야 비로소 새로운 이야기가 시작될 수 있습니다. 이 책은 아파하는 청소년들과 함께 하려는 사람들이 어디서부터 시작해서 어떻게 가야 할지를 너무나 친절하게 가르쳐 주고 있습니다.

박성숙 대표

무너진 가정을 '탈출'한 '아픈' 아이들의 아버지로 살아가는 한 어른의 인간학 강의. 공감과 소통 그리고 사랑이 여전히 아이들과 세상을 구하는 열쇠임을 생생하게 보여 줍니다.

라준영 교수

세상을 품은 아이들

세상을 품은 아이들

명성진 지음

스마트북스

Prologue

날개 없는 천사들과 함께해 온 날들을 돌아보며

언제부턴가 나는 내가 의도하고 계획한 대로 살지 못했다. 나는 평범한 목회자로 살고 싶었다. 작은 마을에서 사람들과 정답게 어울려 살아가는 소박한 삶을 꿈꿨다. 그러나 어느 순간부터 내 뜻대로 되지 않았다. 함께 정들었던 사람들은 떠나고 작은 교회는 생각지도 않았던 아이들로 가득 채워졌다. 하나둘씩 떠나는 사람들로 인해 가슴 아파할 겨를도 없이 나는 그 아이들의 뒤치다꺼리에 정신이 없었다. 한 아이의 손을 잡아 준 일이 이렇게까지 커질 줄 그때는 전혀 생각하지 못했다.

지난해 말 힘겨운 시간을 보내며 지난날들을 하나하나 돌아보는 소중한 시간을 가졌다. 기억 저편에서 '세상을품은아이들'을 시작하기 전부터 이미 내 곁에 있었던 아이들에 대한 새로운 기억들이 살아났다.

우리 교회는 동네 아이들이 흡연하기에 좋은 후미진 곳에 있다. 아이들이 예배당 입구에 몰려와서 담배를 피고 떠드는 것이 싫었지만 이상하게도 그 아이들이 밉지가 않았다. 아이들을 볼 때마다 먼저 인사를 하고 말을 걸었다. 아이들은 나를 신기해하는 것 같았다. 아이들도 길에서 나를 만나면 인사를 했다. 그리고 어느 때부터인가 나를 보면 담배를 뒤로 숨기며 겸연쩍게 웃었다. 예배당 입구에서 아이들이 피투성이가 되도록 싸우는 것을 말리는 일도 심심치 않게 벌어지는 일과였다.

생각해 보면 가출한 아이들을 하룻밤 재우는 일도 이전부터 종종 있었다. 그렇게 내 주변에는 오래전부터 나의 아이들이 있었다. 하지만 이 아이들을 돌보는 것이 나의 사명이라고 생각하지는 않았다. 그저 내 곁을 잠시 스쳐가는 아이들일 것이라고 생각했다. 사실은 그러길 바랐는지도 모른다. 그때는 그저 교회가, 목사가 이 아이들을 외면하면 교회가 아니고, 목사가 아니라는 생각으로 아이들을 품었던 것 같다. 그러다 아이들의 아픔과 상처를 보게 되었다. 이 아이들이 나쁜 아이들이 아니라 참 많이 아픈 아이들이라는 것을 알게 되었다. 만나는 아이들마다, 나를 찾아오는 아이들마다 어찌 삶이 그리도 힘든지 말문이 막혔다. 그리고 목사로서, 어른으로서 한 가지 간절한 소망이 생겼다. 이 아이들이 안 아팠으면 좋겠다는 것이었다.

그 소망 때문에 평범한 목회자가 되고 싶었던 바람은 사라지고, 나는 아주 특별하고 시끄러운 교회의 목사가 되었고, 동네 주민들과 심각한 갈등을 해결해야 하는 목사가 되었다. 내가 원하지도 않았고 계획하지도 않은 나의 삶이 자주 큰 고통을 안겨주었다. 그러나 한편으로는 세상 무엇과도 바꿀 수 없는 보람과 살아갈 이유도 주었다.

내가 의도하고 계획한 인생은 아니지만, 나는 이런 나의 인생을 사랑한다, 그리고 행복하다.

아무런 준비 없이 시작한 일들이 지금에 이르기까지 내 곁에는 여러 명의 천사들이 있었다. 그 천사들의 도움이 없었다면 나는 아무 일도 할 수 없었을 것이다. 천사라는 말이 유치해 보이지만 내겐 이분들이 바로 날개 없는 천사다.

카톨릭대 경영학부 라준영 교수는 '세품아'의 변화의 원리가 위기 청소년 문제의 대안이 될 수 있다며 내게 바람을 넣었다. 그리고 나보다 더 열심히 세품아를 위해 뛰어다니는 것처럼 보였다. 그는 나를 더 넓은 세상으로 끌어냈다.

이제 '좋은 아저씨 노릇 그만하셔야 한다'는 말로 내 마음을 흔들어 놓은 들꽃청소년세상 김현수 대표님은 내 삶의 방향을 바꾸었다. 지금도 든든한 지지자요, 조언자시다.

수년 동안 함께하며 나에게 큰 형님 역할을 톡톡히 해 주신 한국사회투자 이종수 대표님은 늘 내게 비빌 언덕이 되어 주신다. 부천에서 오랫동안 일을 했지만 지역적인 기반이 전혀 없었던 세품아를 지역사회에 소개하고 지역사회와 연계하도록 도와주신 오지랖 넓은 두 분이 계시다. 부천시여성청소년재단 박성숙 대표님과 양승부 선생님이 계셨기에 세품아가 지역사회에 뿌리내릴 수 있었다.

아이들 사이에서 10호(장기소년원 처분으로 소년재판에서 가장 무거운 처분) 천사로 불리는 문선주 판사님은 자신이 세품아로 보낸 아이들과 몽골 땅에서 고생을 마다하지 않으셨다. 인천지방법원 소년부 판사로 계셨던 3년 동안 세품아와 법원이 긴밀히 협력하도록 최선을 다하셨던 분이다. 그리고 나의 팬이며 절대적인 지원군인 아쇼카 이혜영 대표님과 아쇼카 패밀리, 이분들은 내가 힘껏 도약할 수 있도록 강력한 지지와 지원을 아끼지 않으시는 분들이다.

부천시청소년법률지원센터의 설립과 위탁의 모든 과정을 이끄셨고 법인의 든든한 기둥역할을 해 주시는 김익태 변호사님, 그리고 지금의 MG밴드를 수년 동안 가르쳐온 아이들의 뮤즈 장문호 선생님. 이분들은 온몸으로 뛰며 법인을 튼튼하게 지켜주신다.

그리고 나와 함께 아이들을 돌보는 세품아의 선생님들, 이들이 있기에 세품아의 모든 일이 가능하다. 이들은 만나는 모든 사람들에게 끊임없이 자랑하고 싶은 최고의 선생님들이다. 임수진, 임상엽, 임수미, 박새미, 박애경, 임성규, 김상현, 전정민, 김진영, 이승찬, 김남희, 김현선, 김소준 모두 개성 넘치는 일당백의 용사들이다.

'세품아'에는 보이지 않는 천사들도 많다. '세품아'의 후원자님들이다. 매월 혹은 매주 보이지 않는 천사들의 사랑이 세품아로 흘러들어온다. 사랑이 담긴 후원금으로, 풍성한 식자재와 정성이 담긴 음식으로. 그리고 잊지 않고 아이들을 위해 기도하고, 시간을 내어 찾아와 아이들과 함께해 주는 천사들도 있다. 이분들의 사랑이 우리 아이들에게 새로운 삶을 향해 씩씩하게 나아갈 용기를 주었다. 이런 좋은 사람들과 함께 일할 수 있는 나는 정말 행복한 사람이다.

마지막으로 나의 삶과 신앙의 스승이신 오균자 목사님과 김덕수 목사님께 진심으로 감사드린다. 이 두 분에게서 신앙과 삶 그리고 목회와 신학을 모두 배웠다. 이분들이 있었기에 내가 있다고 해도 과언이 아니다. 그리고 나의 가장 든든한 지원자인 아내 임수진과 나의 자랑인 두 아들 희승, 희수에게 진심으로 감사한다. 또한 목회자로서 함량 미달임에도 불구하고 나를 따르며 세품아를 위해 기도와 후원을 아끼지 않는 예수마을교회 가족들에게 진심으로 감사드린다.

앞으로 펼쳐질 나의 인생 역시 내 뜻대로 되지 않을 것이라 생각한다. 하지만 내가 믿는 그분 안에서 날개 없는 천사들과 함께 가슴으로 낳은 나의 모든 아이들이 이 땅의 희망으로 우뚝 서는 아름다운 모습을 보며 행복하게 살아가리라 확신한다.

2016년 4월 명성진

차례

행복을 주는 사람,

불행을 주는 사람

"사랑하면 마음이 아프고 힘이 든다.
그 아픔을 참고 끝까지 사랑할 때 승리한다."

1

관계의
문제

가시 돋친 아이들과 함께 살며 얻은 선물

나는 조금은 독특한 아이들과 함께 산다. 나와 함께 사는 아이들은 그림을 아주 좋아한다. 특히 몸에 그림 그리는 것을 좋아한다. 이 아이들이 좋아하는 그림은 용, 잉어, 도깨비 같은 그림이다. 어떤 아이들인지 짐작할 수 있을 것이다. 우리 아이들은 경찰서, 법원, 소년원, 분류 심사원 같은 기관과 관련이 깊다. 일반적인 사람들은 가까이 하기 힘든 아이들이다. 마음을 잘 열지 않기 때문이다. 특히나 어른들에게 그렇다. 그러나 우여곡절 끝에 이 아이들과 함께 살면서 나는 이 아이들이 내 아이들과 크게 다르지 않은 아이들임을 차츰 알게 되었다. 그리고 이 아이들과

10여 년의 세월 동안 가족처럼 부대끼며 살면서 엄청난 선물을 받았다. 나는 이 가시 돋친 아이들과 함께 살면서 행복한 관계란 무엇인지에 대해 하나 둘씩 깨달을 수 있었다. 상처가 너무 많아 시한폭탄 같은 아이들과 관계를 맺으며 '함께 살아가는 법'을 제대로 배웠다.

처음에는 이 아이들과 함께 사는 것이 쉽지만은 않았다. 어떻게 저렇게 행동할 수 있을까? 내 상식으로는 이해되지 않는 것들이 너무 많았다. 그러나 상처 많고 가시 돋친 아이들과 힘겹게 관계를 풀어 나가다 보니 '관계'의 원리를 깨닫게 되었다. 오랜 시간 동안 수많은 시행착오를 겪으며 '함께 사는 법'을 익히고 보니, '관계의 문제와 그 해법'에 대해 눈을 뜨게 되었고, 어떻게 관계의 문제를 풀어 나가야 하는지를 알게 되었다.

상처받은 아이들과 동거를 시작하다!

내가 아이들과 함께 사는 곳은 '세상을 품은 아이들'(이후로는 '세품아'로 표기한다.)이라는 공동체다. 그저 평범한 목회자였던 나는, 어느 날 우리 교회에 다니던 한 아이가 길에서 노숙하는 걸 우연히 보고서 그냥 지나칠 수가 없어 데리고 자기 시작했는데 그것이 '세품아'의 시초가 되었다. 이 아이와 살기 시작하면서 나는 내가 이미 다 알고 있다고 생각했던 세상의 또 다른 면들을 발견하게 되었다. 마치 2D로만 보이던 세상이 3D, 4D로 보이는 것 같았다.

집으로 돌아갈 수 없었던 그 아이와 어쩔 수 없이 함께 지내면서 아이의 이야기를 들어보니, 이 작은 아이가 겪은 힘든 일들과 아이가 받은 상처가 너무 많았다. 그래서 같이 라면을 끓여 먹으며 며칠 밤을 새워 계속 아이의 이야기를 들어주었다. 그 후 아이를 설득해서 학교에 데리고 갔는데, 그곳에서도 역시 놀라운 일들의 연속이었다. 이 아이를 바라보는 선생님들의 시선과 아이를 대하는 태도를 보니 나 같아도 학교에 가기 싫을 것 같았다. 학교에서 이 아이를 환영해 주는 사람은 아무도 없었다. 이 아이의 존재 가치를 인정해 주는 사람도 없었다. 이 아이에게 학교는 매우 고통스러운 곳임이 분명했다. 그래도 아이를 잘 설득해 다시 학교에 다니기로 약속하고서 아이의 집으로 데리고 갔더니 아이의 엄마는, "길바닥이 좋으면 길바닥에서 나가 살아!"라고 소리치면서 문을 열어 주지 않았다.

그래서 할 수 없이 그때부터 내가 아이를 데리고 살기 시작했다. 그러다가 아이의 친구들이 하나 둘 놀러 오기 시작했고, 또 부모들은 이미 관계가 틀어진 자기 아이를 돌보기 힘들어했고, 그러다 보니 내가 이 친구들을 모두 데리고 살게 되었다.

사람들은 내가 청소년에 대해 예전부터 특별한 관심이 있었을 것이라고 생각한다. 그러나 사실은 한 명 두 명의 아이들과 함께 지내게 되면서 '세품아'를 시작하게 된 것이다. 우리 교회에 다니던 귀여운 꼬마들이 어느 날부터인가 가출을 하고 문제를 일으켰다. 그리고 내 눈앞에 노숙하고 있는 아이가 보였다. 사람들에게 손가락질당하며 무시당하는 모습이 보였다. 그 아이를 차마 외면할 수 없었다. 앞날에 대한 아무런 대책 없이 아이를 다시 길거리로 보내기가 마음 아파 함께 살게 된 것이다.

아이들의 '짱'과 동거를 시작하다

그러다가 벌어진 웃지 못할 놀라운 일이 한 가지 있다. 어쩌다 보니 동네에서 말썽꾸러기로 가장 유명한 아이가 우리 공동체에 오게 됐다. 그 아이가 오면서부터 우리 공동체는 더 달라지기 시작했다.

우여곡절 끝에 상처받고 상처 주며 문제를 겪는 아이들과 함께 생활하기 시작했을 무렵, 한 어머니가 자신의 아이를 데리고 왔다. 중학생이었는데 체격은 엄청나게 큰 아이였다. 그 아이는 소위 아이들이 말하는 '짱'이었다. 내가 말썽꾸러기들을 돌보고 있고 그 아이들이 변하고 있다는 소문을 들은 어머니가 자신의 아이를 맡아 달라며 데리고 온 것이다. 아이는 머리를 숙이고 짜증이 가득한 심경을 온 몸으로 표현하며 내 앞에 서 있었다. 엄마가 자기 이야기를 할 때는 엄마를 매섭게 쏘아보았다. 참 버릇없는 아이였다. 나와 함께 살던 다른 아이들도 그 아이는 데리고 오지 않으면 안 되냐고 할 정도였다. 내가 말을 걸어도 역시

나 듣는 둥 마는 둥이었다.

그런데 두 모자가 다녀가고 나서 얼마 후에 아이가 어찌 된 일인지 나와 함께 있겠다고 했다는 것이다. 솔직히 나는 그리 반갑고 기쁜 마음이 들지 않았다. 부모님은 울면서 돌봐 달라고 하시고, 기분 나쁜 표정으로 나를 째려보던 아이는 어쩐 일인지 나와 있겠다고 했다니, "그래, 그럽시다." 하고 체념하듯 데리고 산 것이다. 그때부터는 이 아이들을 돌보느라 집에도 자주 못 가는 형편이었기 때문에 아예 아이들과 같이 자고, 먹고, 노래 부르고, 이야기하며 그렇게 하루하루를 지냈다. 그런데 이 아이가 이렇게 지내는 게 정말 재미있다는 것이다. 그래서 그 말에 큰 의미를 두지 않은 채, 나름대로 잘 적응하니 다행이라고 생각하며 지냈다.

그러던 어느 주일 날 아침이었다. 이 아이가 아침 예배에 참여한 다음에 "목사님, 제가 전도해 올게요."라고 하는 것이었다. 속으로는, '전도는 무슨, 너나 잘해라.'라고 외쳤지만 목사였기에 "그래."라고 웃으며 대답해 주었다.

제 자식들로 키우겠습니다

그 전에 재미있는 사연이 하나 있었다. 가출한 아이들이 계속 이곳에 모여들어서 데리고 살면서 아이들과 이야기를 해보니 아이들의 삶이 하나같이 너무 힘들었다. 아이들이 감당하기에는 너무 큰 일들을 겪어 왔다는 것을 알았다. 내가 그런 일들을 겪었다면 나는 어떻게 됐을까? 그렇게 생각해 보니 아이들이 이전과 다르게 보였다. '이 아이들은 어떻게 살지 선택할 기회가 거의 없었겠구나. 이 아이들은 가출한 것이 아니라 탈출한 것일 수도 있겠구나.'라는 생각이 들었다. 단적인 예로, 한 아이는 아빠가 목에 칼을 대며 위협하고, 한 아이는 아버지에게 쇠 파이프로 두들겨 맞아서 갈비뼈가 부러져 우리에게 왔다. 그렇게 맞았는데도 다시 집에 가고 싶을까?

이런저런 사연이 있는 아이들이 한두 명씩 우리 공동체로 몰려들었고, 그 아이들과 더 깊은 이야기를 나누다 보니, 내 마음속에 아이들의 아픔이 점점 더 선명하게 다가왔다. 그래서 새벽 기도가 화근인데, 새벽 기도를 할 때마다 아이들을 위해 진심으로 기도하게 되었다. 아이들을 돕고 싶은 마음이 점점 커져 갔다. 하루는 기도하면서 아이들을 생각하니 가슴이 너무 아파서 집으로 돌아오는 길에 차를 돌려 아이들이 다니던 학교 운동장으로 가서 기도했다. "하나님, 양아치 새끼들 저에게 보내 주시면 제가 제 자식들로 키우겠습니다."

그런데 그 후에 진짜 아이들의 '짱'이 왔고, 그 아이가 우리와 놀면서 재미있어 했고, 그러더니 어느 날 "제가 전도해 올게요."라고 한 것이다.

청소년 예배는 2시 반에 있었는데, 청소년 예배가 시작되어 막 설교를 하고 있을 때 이 아이가 자랑스럽게 문을 열고 들어오는데, 뒤에 한

20-30명의 아이들이 따라 들어왔다. 나중에 들어보니 PC방에 있는 애들을 다 데리고 온 것이다. 아이는 그 많은 아이들을 데리고 온 것이 못내 자랑스러워서 엄청 으스대며 들어왔다. 원래 구름 떼 같은 성도들이 몰려들면 감사해야 하는데, 전혀 감사가 안 나왔다. 당황스러워서 설교하는 것도 잊어버리고 "어…어…그래…앉…앉아…." 했더니, 아이들은 앉자마자 휴대폰을 만지기 시작하고 킥킥거리고 웃었다. 정말 당황스러웠다. 하지만 '세품아'는 그렇게 해서 본격적인 궤도에 오르게 되었다. 내가 전혀 계획하거나 예상하지 못했던 방향으로.

삶의 질을 결정하는 '관계'

마음 둘 곳 없어 모여든 아이들은 처음에는 재미있게 지내더니 점점 말썽이 심해졌다. 언제부턴가 내 돈도 훔쳐서 도망가고, 학교에서는 아이 때문에 학교폭력위원회도 열리고, 결국에는 경찰서에도 가기 시작했다. 한두 명씩 소년원에 가기 시작하고, 몰래 본드를 흡입하다 본드 중독으로 정신 병원에도 들락날락했다. 전혀 예상하지 못했던 우여곡절을 겪으며 내게도 많은 변화가 일어났다.

나를 잘 아는 사람들은 신기해한다. 만만치 않게 까칠한 사람인 내가 어떻게 이 아이들과 살 수 있을까? 사실 이 아이들과 살면서, 아이들과 같이 이야기하고, 같이 먹고 자고, 같이 여러 가지 일들을 하면서 누구보다 내 삶이 새로워지기 시작했다. 사람들끼리 살아가는 '관계'에 대해 많은 것을 깨달으면서 나 자신도 변하기 시작했다.

우리는 살면서 많은 어려움과 고비를 겪지만, 그중에서도 나에게 소중한 사람, 혹은 나에게 의미 있는 사람과 '관계'가 깨어졌을 때 가장 고통스럽지 않을까 싶다. 그런데 현대를 살아가는 우리들은 인생에서 그런 관계의 위기를 여러 번 겪는다. '관계'의 문제를 어떻게 다루냐에 행복의 질이 결정되는 것인지도 모른다.

아들과 아내의 두 모습

나에게는 스무 살, 스물두 살인 두 아들이 있다. 첫째 아이가 태어났을 때, 내 나이는 스물일곱 살. 스무 살에 만나 오랫동안 연애한 아내와 결혼하고 낳은 첫째 아이는 이목구비가 나를 꼭 닮았다. 진통으로 금방 숨이 넘어갈 것처럼 괴로워하는 아내를 도울 길이 없어 어찌할 바를 모르고 안절부절하며 기다리다 갓 태어난 아이를 본 순간, 나는 창피함도 잊은 채 눈물을 펑펑 흘리며 기뻐하고 감사했다. 나를 닮은 내 분신이 세상에 나와 내 곁에 있다는 사실이 너무나도 기뻤다. 퇴근 후 지친 몸을 이끌고 집에 들어서면 소리를 지르면서 달려드는 아들의 모습을 보며 가슴이 뭉클했다. 이제까지 경험해 보지 못한 환희의 순간들을 내 아이가 선물해 주었다. 그 기쁨은 일상의 온갖 시름을 일순간 잊게 해 주는 마법 같았고, 하루하루 삶을 버티는 원동력이었다. 아이가 커 가는 보람에 일상이 힘들어도 참을 수 있었다.

그런데 그 아들이 항상 그런 황홀한 기쁨만 안겨 주었을까? 사실 부모가 되어 처음 느낀 기쁨도 있었지만, 부모가 되어서야 알게 된 고통도 있었다. 아이가 조금씩 자라감에 따라 몸이 힘든 것이 아니라 마음이 힘든 일이 생겼다. 아이가 스스로 자기 삶을 책임질 청년이 되기까지 심각한 갈등도 있었고, 그로 인해 너무나도 고통스러웠던 적도 있다. 그런 때는 솔직히 매일 아들의 얼굴을 마주하는 것도 힘들고, 차라리 빨리 커서 독립했으면 하는 생각이 간절하기도 했다.

나에게는 사랑하는 아내가 있다. 내 인생의 구세주 같은 여인이다. 솔직히 아내가 없었다면 잡초 같은 내 인생이 어떻게 되었을지 상상하고 싶지도 않다. 아내는 철없는 스무 살에 나를 만나 내가 몇 년 동안 학생 운동을 하며 쫓겨다닐 때도 아르바이트를 하며 나를 보살펴 주었다. 그 이후로도 힘들 때나 슬플 때나 내 삶의 모든 순간에 함께 있었다. 모든 사람들이 떠나고 혼자였을 때도 아내는 내 곁에 있었고, 아무도 나를 믿어 주지 않고 모두가 나에 대한 기대를 저버렸을 때도 아내는 여전히 나를 믿어 주었다. 그렇게 늘 내 곁을 지켜 주고 모든 일을 함께 해준 소중한 사람이다. 아내로 인해 나는 인생의 고비에서 다시 일어설 수 있는 힘을 얻었고, 그 어떤 것과도 바꿀 수 없는 사랑의 기쁨과 위로를 경험했다.

그런데 아내가 나에게 언제나 소중하고 아름다운 사람이기만 했을까? 그렇지 않다. 언젠가는 목숨과도 바꿀 수 없는 그 사랑하는 아내로 인해 너무 화가 나고 힘들어서 무작정 차를 몰고 떠난 적도 있다. 심지어 그 순간에는 이대로 죽고 싶다는 생각을 하기도 했다. 아내는 분명 내가 세상에서 가장 사랑하는 사람이며, 내 인생에서 가장 소중한 사람이다. 그러나 사랑하는 사람도 내게 고통과 아픔을 줄 수 있다.

행복을 주는 사람, 불행을 주는 사람

언젠가 아내는 큰아들을 "웬수"라고 불렀다. 솔직히 우리 큰아들이 참 재수가 없다. 아들을 키우는 부모라면 누구나 한 번씩 절망할 때가 있을 것이다. 오죽하면 사춘기 아들은 아들이라 생각하지 말고 하숙생이라고 생각하라는 말이 있을까? 그런데 아내가 아들한테 원수 같다고 하면서 그 뒤에 덧붙이는 말이 "당신하고 똑같아."라는 것이다. 실제로 외모도, 성격도, 하는 짓도 나와 똑같아서 내가 아들에게 아내보다 덜 야단치게 된다. 과거의 내 모습을 보는 것 같아서 종종 움찔한다. 분명한 건 우리 아들은 나와 아내에게 너무나 소중한 존재이며, 우리는 그 아이가 없으면 살 수가 없다. 그런데 안타깝게도 항상 그렇지는 않다.

아이가 어릴 적엔 우리 앞에서 뒤뚱거리며 달려오는 모습만 봐도 그동안 겪었던 모든 힘든 일들을 다 잊곤 했다. 그런데 문제는 그 아이가 내게 예상치 못했던 고통으로 다가오기도 한다는 것이다. 이것은 나의 아들과 아내에게만 해당되는 이야기일까? 사실 내 주변의 모든 사람들에게 해당되는 이야기다.

누구나 연애 시절엔 정말 행복한 순간이 있었을 것이다. 그러나 그 연인이 나에게 인제나 행복한 순간만을 주었는가? 그렇지 않을 것이다. 나를 너무나 힘들게 하는 경우도 실제로 겪는다.

참 알 수 없는 일이다. 어찌된 일일까? 내 인생에 가장 큰 행복을 주는 사람이 가장 큰 고통과 아픔을 주기도 하니 말이다. 부정할 수 없는 사실은, 사람들은 관계가 주는 큰 기쁨을 누림과 동시에, 관계가 주는 큰 고통도 느낀다는 것이다.

관계에 대한 고민

가만히 주위를 둘러보자. 어떤 사람들이 우리와 함께 살고 있는가? 우리 곁에는 어떤 사람들이 살고 있나? 우리에게 행복과 기쁨을 주는 사람들이 살고 있나, 아니면 절망과 아픔과 좌절을 주는 사람들이 살고 있나?

나의 부모는, 자녀는, 친구는, 동료와 이웃은 나에게 행복을 주는 사람인가? 반대로 나의 부모는, 자녀는, 배우자는 나를 어떻게 바라보는가? 지금 나에게 고통을 주는 사람에 대해 잘 생각해 보자. 한때는 나에게 기쁨과 행복을 가져다 준 사람이었을지도 모른다.

우리가 인정해야 할 중요한 사실이 하나 있다. 그것은 내게 기쁨이 되었고 동시에 고통이 된 이 사람이, 상황에 따라 변하는 지킬 박사와 하이드 씨 같은 다중 인격자가 아니라는 것이다. 그 두 가지 모습이 다 동일한 그 사람의 모습이다. 두 모습 다 그 사람이다.

원수 같은 모습도, 천사 같은 모습도 다 그 사람 안에 있다. 그런데 우리는 그 사실을 잊고 살아간다. 내 주변에는 많은 사람들이 있다. 그들은 나에게 행복을 주기도 하고 고통을 주기도 한다. 그중에선 나에게 끊임없이 고통만 주는 사람도 있다. 그런데 신기한 것은, 나에게 고통만 주는 그 사람도 누군가에게는 행복을 주는 사람일 수 있다는 사실이다. 나는 정말 그 사람이 싫고 그 사람 때문에 고통스러운데 그도 누군가에게는 정말 큰 행복을 주는 사람일 수 있다.

혹시 이런 생각을 해본 적이 있는가? 이 사람은 왜 어느 순간에는 나에게 행복을 주고 어느 순간에는 고통을 주는가? 이 사람이 언제나 나에게 행복을 주는 사람이 될 수는 없을까? 이 사람은 다른 누군가에게는 행복을 주는 사람인데 왜 나에게는 고통을 주는 사람인가? 이 사람이 나에게도 행복을 주는 사람이 될 수는 없을까?

그리고 결국에는 우리가 그런 사람들과 함께 살아가는 것 이외에는 다른 방법이 없다는 것을 알게 되었을 때 우리는 어떻게 해야 할까? 이렇듯 우리는 관계에 대한 고민을 하지 않을 수가 없다.

왜 항상 고통을 주는 사람이 존재할까

인간은 혼자서 살 수 없다. 내가 원치 않더라도 누군가와 관계를 맺으며 살아야 한다. 가끔 도인처럼 혼자서 살아가는 사람들도 있지만 모든 사람이 산으로 들어가거나 섬에 가서 혼자 사는 게 답일 수는 없다. 사람들과 함께 살아가는 것은 피할 수 없는 현실이다.

그런데 한편으로, 현대를 사는 우리들은 가족과 이웃과 동료와 함께 살면서도 종종 깊은 외로움을 느낀다. 또한 가까운 가족과 이웃이 나에게 기쁨과 행복을 가져다주기보다는 오히려 다른 사람들보다도 더 큰 아픔을 준다고 여겨질 때도 많다.

삶이라는 것은 생각처럼 쉽지 않은 것 같다. 가만히 생각해 보면 인생의 여러 문제 중에서도 사람과의 관계가 가장 힘든 것 같다. 게다가 그 힘든 사람이 늘 함께 동고동락해야 할 가족, 친구, 동료, 이웃이라면 어떨까? 내 주변에 있으면서 나를 가장 힘들고 아프게 하는 사람을 떠올려 보자. 종종 참을 수 없는 고통과 분노를 일으키는 존재는 당신과 가장 가까운 사람 중에 있을 것이다.

혼자서 살 수 없는 인생, 외롭고 도움이 필요한 인생, 그래서 가까운 가족과 이웃에게 위로 받고 싶은 우리 인생이 종종 너무나 힘들게 느껴지고 모든 게 엉망이 되어 버리는 것 같은 위기에 빠지는 이유는 뭘까? 바로 가장 가까운 사람이 가장 큰 고통을 주기 때문이다.

가까운 사람이 주는 상처에 자꾸 생채기가 생기면 어느 순간 더는 견딜 수 없을 것 같다. 그리고 그 사람만 없어진다면 이 괴로움이 끝나고 행복해질 것 같다는 생각을 한다.

그렇다면 한번 상상해 보자. 그 사람이 내 주변에서 사라지면 어떨까? 나는 늘 주변 사람들로 인해 행복하고 기쁘기만 할까? 인생의 여러 우여곡절을 겪으며 오랜 세월을 지나온 사람들은, 그렇지 않다는 것을 알 것이다. 그 사람이 사라져도 내 삶에 또 다른 누군가가 다시 가시 같은 이웃으로 다가온다. 왜 내 주변에는 이렇게 고통을 주는 사람이 항상 존재할까?

내 뼈 중에 뼈요, 살 중에 살이라

인간은 원래 누군가의 도움을 받으며, 누군가에게 의지하고 도움을 주고받으며, 누군가와 함께 살아가는 존재로 태어난다. 불완전한 인간은 서로를 사랑하고 서로를 섬기며 살아가도록, 그래서 누군가의 장점이 내 단점을 덮어 주고, 나의 장점이 누군가의 단점을 덮어 주고, 누군가의 사랑으로 내 아픔이 씻겨지고, 나의 사랑이 누군가의 아픔을 씻어 주면서 살도록 태어났다.

그런데 문제는 우리들이 언제부턴가 그렇게 사는 방식을 잊어 버린다는 것이다. 성경에 재미있는 이야기가 있다. 아담이 이브를 처음 보고 "내 뼈 중에 뼈요, 살 중에 살이라!"라고 말하는 대목이 있다. '나는 너 없이는 못 살고, 네가 내 삶의 전부다.'라는 표현이다. '너만큼 존귀한 존재가 없으며, 너는 내 삶의 이유'라는 것이다. 여자를 향해 사랑을 고백하는 노래다. 그런데 인간이 죄를 지은 후 아담이 보인 반응은 당황스럽다. 아담이 "하나님이 먹지 말라고 하신 열매를 먹은 것은 당신이 내게 주신 이 여자가 시켜서 한 것입니다."라고 이야기한 것이다. 이 이야기를 들은 이브의 마음은 어땠을까? 이전까지는 자기에게 극찬을 하던 남자가 위기가 닥치니 "하나님이 내게 주신 저 여자 때문에 내가 그렇게 된 것 입니다. 난 잘못이 없습니다. 이 여자가 죄인입니다."라고 이야기한다.

이것이 바로 우리의 모습이 아닐까? 함께 사랑하고 섬기며 사는 방식을 잊어 버리고, 문제가 생기면 서로를 탓하며 상처를 주고 또 상처를 받는 게 보편적인 삶의 모습이 되어 버렸다. 문제가 생기면, 나에게 행복이던 사람이 어느 순간 원수가 되고, 그 사람 없이는 못 산다고 생각했는데 지금 당장 그 사람이 내 곁에 있어서 못 살 것 같다고 생각하는 우리들의 모습을 흔히 본다.

2

관계란 무엇일까

관계는 상호 작용이다

당연하지만 우리가 쉽게 잊는 것이 있다. 관계는 바로 '상호 작용'으로 이루어진다는 사실이다. 내가 생각하고 행동한 것에 대해 상대가 반응을 한다. 그 사람이 생각하고 행동한 것에 대해 나도 반응을 한다. 그리고 이런 반응들이 쌓이고 쌓여 관계가 형성된다. 일상에서 수없이 이루어지는 반응들 속에서 관계가 구축된다. 결국 상대에 대해 내가 생각하고 행동하는 것들이 쌓여 관계가 이루어진다.

상대를 향한 나의 생각과 행동, 그리고 그에 대한 반응들이 바로 '관계'의 전부다. 관계는 절대로 일방적이지 않다. 관계는 곧 상호 작용이다. 관계는 추상적이거나 피상적이지 않다. 관계는 서로의 생각과 행동에 대한 구체적인 반응들로 이루어진다.

아이의 마음이 열린 이유

소위 '짱'이라 불리던 그 아이가 처음 '세품아'에 왔을 때 자기의 상황이 어땠는지 다른 사람들에게 이야기하는 것을 들은 적이 있다. 그 친구는 우리 공동체에서 여러 새로운 관계를 맺으며 스스로를 찾고, 인생의 길을 고민하는 과정을 거쳐, 지금은 어엿한 청년이 되었다. 음악을 배우고 또 음악가가 되어 자기와 같은 길을 걸어온 아이들을 돌보는 청년 활동가로서 열심히 살고 있다. 자신의 재능과 경험을 살려 청소년들을 위한 공연과 강연을 하며 아이들과 소통을 한다. 그가 어느 날 강연에서 이런 이야기를 했다.

중학생 시절, 엄마가 자기를 감언이설로 설득해서 허름한 교회의 한 목사에게 데리고 갔는데, 그 목사는 짧게 깎은 머리에 눈매도 날카로운데다 굉장히 고약하게 생겼더라는 것이다. 그 목사하고 엄마가 대화를 나누는데, 엄마는 아들 얘기를 하면서 계속 눈물을 흘리니 너무 화가 나서 언제 뛰쳐나갈까 고민하고 있었다고 한다. 이제나 저제나 도망갈 기회만 엿보고 있는데, 그때 그 목사가 자기한테 이렇게 말했다는 것이다. "야, 네 눈빛 정말 좋다!"

그 말을 듣자 귀가 번쩍 뜨였다고 한다. 그 한 마디가 마음속에 폭 들어왔다는 것이다. 그 한 마디 때문에 자기는 그 목사와 함께 지내기로 했다는 거였다. 그동안 나는 그 사실을 전혀 몰랐다. 8년의 시간이 지나서야 그 이야기를 들을 수 있었다.

그렇다면 그때 내 마음은 어땠을까? 나는 언제부턴가 사람에게는 누구나 자기만의 고유한 보석이 있다고 믿었는데, 사람들을 만날 때마다 '이 사람 안에는 어떤 보석이 있을까?' 생각하고 또 생각해 보곤 했다. 누구를 만나도 이 사람 안에 들어있는 보석은 무엇일까 궁금해하고 고민하기도 한다.

그런데 내 앞에서 세상의 모든 짜증을 짊어진 모습으로 삐딱하게 서 있는 아이를 보니 보물로 보이기는커녕 괴물 같아 보였다. 아이의 버릇없는 모습에 나까지 너무나 짜증이 났다. 그래서 '도대체 안 보인다. 안 보여.' 라고 생각하며, 아이가 "참나, 참나." 할 때마다 나도 울컥 울컥 했다. 그래서 최대한 표정을 가다듬으며 서 있었다. 그래도 한편으로는 여전히 아이의 장점을 찾으려고 무던히 애를 쓰고 있었다. 그런데 이 아이가 날 쫙 째려 보니, 갑자기 당황한 나머지 마땅히 떠오르는 말이 없어서 "야, 네 눈빛 참 좋다." 라고 했던 것이다.

그러나 이 아이는 그때 처음으로 자신에 대해 긍정적으로 이야기하는 말을 들었다. 부모님은 늘 자기에게 공부 안 한다, 말썽 피운다는 이야기만 하고, 학교에서는 늘 문제아 취급을 받았을 뿐, 자기에게 긍정적인 이야기를 해주는 사람은 아무도 없었다. 그러던 중에 내가 던진 "눈빛 좋다."라는 말 한 마디에 마음의 문이 열린 것이다. 그 다음부터는 아이가 내 이야기를 귀 기울여 들었다. 긍정적인 말 한 마디에 아이의 태도가 완전히 바뀐 것이다.

"야, 네 눈빛 참 좋다"

그런데 아이들과 생활하면서 알게 된 것이 한 가지 더 있다. 사람들은 '좋은 말'을 듣기보다 '좋아하는 사람의 말'을 듣는다는 것이다. 아이는 아이의 보물을 찾으려고 애쓴 나의 마음을 느꼈다. 내가 한 말이 단순히 '좋은 말'이어서 아이의 마음에 자리 잡은 것은 아니다. 좋은 마음으로 상대를 바라보고 행동한다면, 진심이 전해져서 상대는 나를 좋아하게 되고, 그의 반응이 달라질 수 있다. 그렇게 되면 관계는 개선될 여지가 생긴다. 물론 경우에 따라 많은 시간이 걸리기도 한다. 그러나 분명한 사실은, 진심은 상대의 마음을 조금씩 움직인다는 것이다. 당장은 드러나지 않더라도 말이다.

내가 누군가에게 어떻게 행동하든 그런 행동들에 대한 반응이 모여 관계가 형성된다. 어쩌면 관계가 상호 작용이라는 사실은 우리에겐 굉장히 좋은 소식이다. 깨어진 관계도 내가 어떻게 행동하느냐에 따라 다시 회복될 가능성이 있기 때문이다.

"야, 네 눈빛 참 좋다."

이 한 마디에 아이는 나와 함께 있기로 결정했다. 자신을 인정해 주는 말 한 마디에 아이의 마음이 움직였고, 그 아이와의 관계는 그렇게 새롭게 시작되었다. 반대로, 아이의 부모나 선생님은 아이를 문제아로 보았고, 그들은 아이로 인해 자신이 얼마나 고통받고 있는지에 대해 늘 이야기했다. 아이는 어른들의 그런 반응에 거울처럼 똑같이 반응했고, 어른들과의 관계는 점점 악화되었다.

모든 관계가 비슷하다. 주는 대로 받는 것이 인간관계다. 내가 누군가에게 호감을 느끼고 그 마음을 표현한다면, 그 사람도 나에게 호감을 느끼고 표현해 올 것이다. 그러나 한 가지 주의할 것이 있다. 그 반응이 백 퍼센트 일치하는 것은 아니라는 사실이다. 여기에서 문제가 생기기도 한다. 내가 상대에게 준 것보다 상대에게 더 많은 것을 받기를 기대하고, 내가 상대에게 준 것보다 상대가 적게 주었다고 실망하고, 혹은 내가 상대에게 기대하는 것과 다른 것을 받았다고 화를 내거나 섭섭해하면 관계에 문제가 생기기 때문이다.

그렇다면 이 문제를 어떻게 해결할 수 있을까? 상대의 반응과 나의 반응 사이에 해결의 실마리가 있다. 우리가 상대의 반응에 섭섭해하며 화를 내면 상대를 바꾸기가 더 어려워진다. 우리가 바꿀 수 있는 것은 바로 우리 자신의 행동과 반응이다. 우리는 상대의 반응과 행동에 개의치 않고 계속해서 선한 행동과 반응을 할 수 있다. 내가 섭섭해하고 화를 내는 반응을 보이면, 상대는 다시 내가 원치 않는 반응을 보일 가능성이 크다. 하지만 섭섭해하고 화를 내기보다 내 기대와 다른 상대의 반응에도 불구하고 선한 반응을 계속 보인다면 그 후로 상대가 다르게 반응할 가능성이 더 커진다.

누군가를 변화시키려 하지 말아야 한다

가만히 생각해 보면 우리 주변에는 내게 행복을 주는 사람들보다 고통을 주는 사람들이 더 많은 것 같다. 그 사람들을 보면 이해가 안 되고 화가 난다. 그래서 우리는 늘 생각한다. 상대방이 잘못했고 그 사람이 변화되어야 한다고. 그러나 누군가를 변화시키려 하면 오히려 좋은 관계를 만들어 가는 데 걸림돌이 된다.

나와 관계가 좋지 않은 사람들을 떠올려 보자. 겉으로는 평온하지만, 마음속으로 늘 불편하여 걸리는 존재를 떠올려 보자. 가만히 보면, 그들은 바로 나를 대할 때 항상 내가 틀렸고 잘못되었다고 생각하고, 내가 변화되어야 한다고 생각하는 사람들이다. 그리고 나를 바꾸려 드는 사람들이다. 나를 바꾸려고 다가오는 그들에게 어떤 생각이 드는

가? 자연스럽게 반항심이 생기고 화가 난다. 왜 그럴까? 그 사람은 내가 '잘못된 사람'이라는 인식을 갖고 있기 때문이다. 게다가 내가 보기에 그 사람도 잘못된 부분이 많은데 나만 변화시키려고 하는 것 같다. 누군가 그렇게 다가오면 정말 화가 나지 않는가?

누군가가 나를 변화시키겠다고 달려들면 기분이 나쁜 것이 인지상정이다. 그 사람의 말이 옳다고 생각되어도 그 말대로 변하고 싶지 않다. 그러므로 상대의 변화를 통해 관계를 개선하려 한다면 반드시 실패할 수밖에 없다.

예를 들어, 아내가 "당신은 이러이러한 부분이 내 마음에 안 들어. 그런 부분은 이렇게 바꿨으면 좋겠어."라고 나에게 끊임없이 이야기한다고 생각해 보자. 아무리 사랑하는 아내일지라도 그런 말을 듣게 되면 마음이 안 좋다. 누군가 내게 와서 "너는 왜 이걸 이렇게 하고 있니? 이건 이렇게 해야 하지 않겠니?"라고 객관적으로 옳은 이야기를 끊임없이 한다고 생각해 보자. 나는 그 사람의 말을 따르게 될까? 그렇지 않다.

사람들이 쉽게 깨닫지 못하는 착각 중에 하나가 바로 이것이다. 내가 논리적으로 정확하게 잘잘못을 이야기하면 상대가 알아듣고 변할 거라는 생각이다. 하지만 아무리 논리적일지라도 설득으로는 사람이 변하지 않는다. 그런 노력은 기울이면 기울일수록 관계에 독이 될 뿐이다. 혹여, 상대가 그 논리에 설득이 되더라도 그 말대로 변하기는 쉽지 않다. 설득당할 때 당사자는 기분이 매우 나쁘기 때문이다.

너는 문제가 있어

누군가가 나에게 다가와서 나를 변화시키려고 설득한다는 것은 '지금 나는 잘못되었다. 그래서 고쳐야 한다.'라는 내용을 전제로 하는 것이다. 이런 의도를 가지고 누군가 나에게 다가온다면 그 사람이 누구든 나는 우선 기분이 나쁠 것이다. 그래서 아무리 좋은 말이라도 그대로 받아들이기가 어렵다.

관계에 문제가 생기면 사람들은 문제를 해결해 보겠다면서 이것은 누가 잘못했고 이것은 누가 잘했고, 이것이 잘못됐고 저것을 고쳐야 한다고 판단한다. 그러면 문제는 더 악화된다. 때문에 누군가를 변화시키려고 하는 순간 오히려 변화는 이루어지지 않는 것이다.

사람은 감정을 가진 존재다. 혹여 누군가의 말을 듣고서 "그래, 그게 맞는 것 같아."라고 설득된다고 해도 그렇게 행동하기가 쉽지 않은 것은 오히려 감정에 더 문제가 생기기 때문이다. 감정의 문제가 해결되기 전까지 행동의 문제는 해결되지 않는다. 그러므로 관계의 회복을 바란다면 상대를 변화시키려는 마음으로 다가가서는 안된다.

그렇다고 해서 마냥 내버려 둔다고 저절로 좋은 관계가 형성되는 것은 아니다. 좋은 관계는 노력해야만 만들어질 수 있다. 관계의 문제를 해결하려는 구체적인 노력이 없으면 문제는 해결되지 않는다. 시간이 지나면 저절로 상대방이 변해서 좋은 관계가 될 수 있을 거라는 헛된 희망은 버리는 것이 좋다.

물론 멀리 떨어져 있고 많은 세월이 흐르면 사람은 많은 것을 잊게 된다. 상처도 분노도 점점 잊혀진다. 그래서 나빴던 관계가 자연스럽게 아무렇지 않은 관계가 되기도 한다. 그러나 그뿐이지, 좋은 관계가 되는 것은 아니다. 또한 겉으로만 아무렇지 않게 보일 뿐, 해결되지 않은 관계의 문제가 그대로 남아 있을 수도 있다. 특히 매일 함께 살아가는 사람과의 안 좋은 관계는 내버려 둔다고 해서 저절로 좋아지거나 해결되지는 않는다. 좋은 관계를 맺기 위해서는 구체적인 노력이 필요하다. 관계를 개선시키기 위해서는 누군가가 먼저 변화를 위한 행동을 해야 한다. 바로 내가 해결하려고 발걸음을 옮길 때부터 문제가 해결되기 시작한다.

그런데 앞에서 나는 누군가를 변화시키려고 노력하면 안 된다고 했다. 그렇다면 어떻게 해야 할까? 좋은 관계를 위한 노력이란 어떤 것일까? 끊어진 관계를 회복하기 위해 내가 가장 먼저 할 수 있는 노력은 무엇일까? 관계를 풀어 가는 데는 어떤 열쇠가 있을까? 노력을 위한 첫 번째 전제 조건이 있다. 바로 상대의 자리에 서는 것이다. 제일 먼저 할 일은 그냥 그 사람 곁에 있는 것이다. 그리고 시간이 필요하다. 문제로 인해 상한 감정이 누그러질 시간이 필요하고, 상한 감정에 대해 좀 더 쉽게 말할 수 있는 타이밍을 기다려야 한다. 그리고 공감을 통해 감정의 교류가 이루어진 후에 관계는 한 단계 더 진전될 수 있다.

문제가 생겼을 때 논리적으로 문제를 지적하지 말고 감정을 함께 공유하면서 기다려 주면 상대도 이성을 회복하고 스스로 논리적인 답을 찾는다. 그런데 우리는 늘 즉시 문제를 해결하고 싶어 한다. 문제는 관계에 있다기보다 우리의 그런 태도에 있는 것인지도 모른다.

3

관계의 시작

공감이 관계의 시작이다

상대를 판단하고 문제를 지적하는 것이 아니라, 상대의 자리에서 기다리며 감정을 공유한다는 것은 무엇일까?

마음이 상하고 힘들 때 누군가가 와서 내 마음도 잘 모르면서 이런저런 노력을 하면 오히려 기분이 상한다. 그런데 자기의 경험을 통해 내 마음을 잘 알아 주는 사람이 다가오면 상황은 달라진다. 상대의 자리에 선다는 것은 이런 것이다. 그렇다면 내 경험을 통해 상대의 마음을 안다는 것은 무엇일까?

공감에 대한 이야기를 하기 전에 노래 한 곡을 소개하고 싶다. 나와 가장 오랜 시간 동안 먹고, 자고, 함께 살아 온 그 눈빛 좋은 아이가 부른 노래다. 앞에서도 언급했지만 그 아이는 대학에서 음악을 공부하고 지금은 청소년을 대상으로 활동하는 'MG 밴드'(Miracle Generation, 기적의 세대)의 리더가 되었다.

우리 엄마

일어나라. 밥 먹어라. 잘 다녀오거라. 사랑하는 우리 엄마.
어렸을 적 기억하는 지워지지 않는 큰 상처, 잠겨 있는 화장실 문.
엄마, 나 씻어야 해요. 엄마, 나 학교 가야 해요.
엄마, 빨리 나오세요. 대답해요.
두 팔로 감아 사랑했던, 슬플 땐 얼굴 파묻던 우리 엄마, 목 졸려 있네.
나의 꿈에 나와 줘요. 공원에 같이 놀러가요.
같이 밥을 먹고 날 재워 줘요. 안아 줘요.
두 팔로 감아 사랑했던, 슬플 땐 얼굴 파묻던 우리 엄마, 보고 싶네.
일어나라. 밥 먹어라. 잘 다녀오거라. 사랑하는 우리 엄마.

가사를 보면 이 노래의 배경을 알 수 있다. 지금 나와 살고 있는 다른 한 아이의 이야기다. 이 노래의 주인공은 처음 법원에서 판결을 받고 '세품아'에 왔을 때 유난히도 적응을 못하던 아이였다. 모습은 험상궂고 불량해 보였지만, 먼저 와 있는 아이들과도 섞이지 못하고 항상 창 밖만 내다보고 있었다. 도망치거나 문제를 일으키지 않을까 늘 노심초사하며 바라보던 아이였다.

이 아이의 엄마는 노래 가사처럼 아이가 초등학교 6학년 때 자살을 했다. 엄마는 남편의 폭력과 외도로 인해 우울증에 시달리다 결국 스스로 목숨을 끊었다. 아침에 학교에 가야 하는데 화장실에 들어간 엄마가 나오지 않자 아이는 엄마를 불렀다. “엄마, 나 학교 가야 해요. 늦었어요. 빨리 나오세요.” 아무리 두드려도 엄마는 대답이 없다. 초등학교 6학년짜리 동생과 중학교 2학년 형이 강제로 화장실 문을 따고 들어갔을 때 그들 앞에는 목을 맨 엄마의 모습이 보였다. 두 아이는 엄마의 시신을 내린다. 그리고 엄마의 장례를 치르고서 몇 달 뒤 가끔 보았던 아줌마가 집으로 들어왔다. 아빠는 그 아줌마를 엄마라고 부르라고 했다. 아이들은 차마 ‘엄마’라는 말이 나오지 않았고, 아버지는 무지막지하게 아이들을 폭행했다. 집안에서의 갈등이 점점 심해지자 아이는 집을 나왔다. 그리고 비행 청소년이라 불리는 아이가 되었다. 그리고 많은 시간이 지나 법원의 처분을 받고 나에게 오게 된 것이었다.

이런 사연을 알고 있던 나는 아이를 어떻게 돌보아야 할지 노심초사하며 고민하고 있었다. 그런데 어느 날부턴가 아이가 급격하게 달라진 것을 알게 되었다. 아이의 얼굴 표정이 많이 안정되었고, 매일 내다보던 창밖도 보지 않았다. 얼마 지나서야 아이가 변한 이유를 알게 되었다.

샤워장에서 있었던 일

샤워장에서 있었던 한 사건이 이 아이의 삶을 바꾸어 놓았다. 어느 날 아이가 샤워를 하는데 '세품아' 출신의 한 선생님이 함께 샤워를 하러 들어갔다고 한다. 그 선생님은 내가 '세품아'를 시작하게 된 계기가 되었던 바로 그 아이였다. 그런데 이 선생님은 노래의 주인공과 같은 아픔을 갖고 있었다. 선생님의 아버지 역시 우울증을 앓다 자살을 했던 것이다. 그리고 역시 아이가 아버지의 시신을 수습했다. 이 선생님은 초등학교 때부터 문제아였다.

당시 이 선생님의 어머니는 희귀한 불치병에 걸려 있었다. 아버지는 우울증을 앓다가 생계를 유지하는 수단이었던 트럭에 번개탄을 피워 놓고 자살을 했다. 참 비극적인 이야기인데 생각보다 이런 경우가 우리 주변에 많다. 그 아이가 얼마나 충격을 받았을까. 그 충격 속에서 아이는 여러 가지 고통을 겪으며 고비를 넘겼고, 청소년학과에서 공부를 하고 지금은 선생님이 되었다. 그렇게 되기까지 굉장히 오랜 시간이 걸렸고 고통스러운 순간이 많이 있었을 것이다.

그날 샤워실에서 이 선생님은 아이에게 자신의 이야기를 했다. 6학년짜리 아이가 시체를 내린 것처럼 자기도 아빠를 찾아다니다가 차에서 아빠 시신을 내려야 했고, 장례를 치러야 했고, 그렇게 아빠가 떠난 자리 때문에 너무 힘들어했고, 정신을 차리고 보니 아픈 엄마와 두 동생의 가장이 되어 있었다. 그런 이야기들을 한 것이다.

둘은 서로의 이야기를 하며 한없이 울었다고 한다. 그리고 그 후부터 아이는 마음의 문을 열었고, 공동체에 잘 적응하며 생활했다. 얼굴빛도 아주 좋아졌다. 무엇이 아이의 마음 문을 열게 했을까? 자신의 아픔을 진정으로 공감하는 한 사람이 위태롭던 아이의 마음을 열었다.

누군가와 관계를 아름답게 맺기 위해 가장 중요한 것은 공감이다. 진정한 공감 없이는 관계의 진전이 있을 수 없다. 누군가 내 마음을 정말로 공감해 주는 사람이 있다면, 누군가 함께 아파해 주는 사람이 있다면, 아무리 굳게 닫힌 문이라도 그 문은 열린다. 상대방의 아픔에 진정으로 공감하는 사람에게 열리지 않는 마음의 문은 없다. 중요한 것은, 공감을 위해서는 그 사람이 있는 바로 그 자리로 내려가는 방법밖에 없다는 것이다.

누군가와의 관계에 문제가 있는가? 그 문제 이면에는 반드시 자신의 감정과 생각이 받아들여지지 않고 이해받지 못해 아팠던 상처가 그의 마음에 자리 잡고 있다는 것을 기억해야 한다. 관계가 회복되기를 원한다면 우리가 그 아픔과 상처의 자리로 내려가야 한다.

아이들과 문제가 생겼을 때 아무리 노력해도 문제가 해결되지 않으면, 어른들은 그 문제의 원인이 아이에게 있다고 생각하면서 아이가 변하지 않으면 어쩔 수 없다고 생각한다. 변하지 않는 아이를 이해할 수 없다고 생각한다. 하지만 그 차이를 건널 수 없는 강이라고 생각하면서 포기하지 말고, 어른들이 먼저 아이들의 자리로 내려가야 한다. 아이의 감정과 생각이 거부당하고 이해받지 못해 아팠던 상처의 문제가 해결된다면 관계는 급속도로 개선될 수 있다.

우리 아이에게는, 내가 가르치는 아이에게는 그런 상처가 없다고, 그런 아픔을 준 적이 없다고 확신할 수 있는가? 꼭 큰 아픔과 상처만 문제가 되는 것일까? 아픔과 상처의 크기를 객관적으로 진단할 수 있을까? 아이는 생각보다 더 큰 상처를 안고 있는지도 모른다. 감추어진 그 상처를 보아 줄 누군가가 필요할지도 모른다.

우리가 아이들과 함께할 수 있는 소중한 시간은 생각보다 길지 않다. 우리가 아이들의 행동을 바꾸려 헛되이 노력하는 동안, 아이들은 상처를 안은 채 불안정한 어른으로 자라고 만다. 그리고 아이들이 어렸을 때 가져야 할 든든한 안정감을 줄 기회를 아이들에게서 빼앗고 만다. 우리는 더 이상 지체하지 말고 아이의 아픔의 자리로 내려가야 한다. 내려가서 그 아픔을 발견해야 한다.

사춘기의 사랑

어른들이 착각하는 것이 하나 있다. 아이들의 사랑은 풋사랑이고 의미가 없다고 생각하는 것이다. 과연 그럴까? 그렇지 않다. 아이들에게도 눈물 나고 가슴 절절한 사랑이 있다. 나도 어느 순간 꼰대가 되면서 아이들의 사랑에 편견이 생겼다. '세품아' 아이들에게는 이러저러한 연애사들이 있었는데, 그걸 보면서 사랑을 너무 가볍게 하는 것 같고, 사랑이란 단어를 너무 쉽게 쓰는 것 같아 화가 날 때가 있었다. '아무것도 모르면서 사랑이란 말을 아무렇게나 쓰는 구나' 하고 아이들을 판단했다.

하지만 나의 청소년 시절을 생각해 보니 아이들의 사랑도 간절하고 의미가 있으며 가치가 있다는 것을 깨달았다. 그 깊이가 어른들의 사랑에 미치지 못하는 것이 아니다. 어쩌면 순수하기에 더 깊고 절박할지도 모른다. 나는 고등학교 3학년 때 여자 친구와 가슴 아프게 헤어진 경험이 있다. 2년 가까이 사귀던 여자 친구와 헤어지면서 나는 거의 폐인이 되었다. 그때는 그 일이 나에게 그 정도로 큰 의미였다. 당시에는 교련복이 있었는데 한 달 동안 씻지도 않고서 교련복만 입고 좀비처럼 학교에 다녔던 기억이 난다. 그때 나는 인생에 아무런 소망이 없는 것 같았다.

아이들의 사랑은 풋사랑이 아니다. 그들의 표현이 우리 어른들에게 짜증스럽긴 하지만 그것은 그 표현 방식이 우리 어른과 맞지 않는 것일 뿐이지, 그들의 사랑이 진실하지 않다는 것은 아니다. 그런데 어른들은 그들의 사랑과 아픔과 고통에 대해 평가 절하하고 무의미하다고 단정 짓는다. 그러면 아이들은 어떤 반응을 보일까? 공부하는 데 방해된다고 연애하는 것을 싫어하는 것보다, 자기들의 사랑을 하찮게 여기는 태도에 무시당하는 느낌이 들고 기분이 상한다. 나는 죽을 만큼 힘들고 아픈데, "그걸 가지고 뭘 힘들다고 하느냐, 그건 별 거 아니다."라고 하면 아이들은 어떨까? 자신의 고통에 공감을 못 해주면 그 사람이 밉고 화가 난다. 그리고 그런 어른들과는 상대를 안 하고 싶어진다.

사람은 누구나 자기 입장에서 생각한다. 지금의 내 위치에서 상대를 바라보고 판단한다. 바로 엊그제 자기가 겪었던 일도 잊어 버리고 상대방이 지금 겪는 고통을 이해하지 못하고 공감하지 못한다. 바로 그런 자기 중심적인 사고가 관계를 깨뜨리는 주범이다.

고통을 분석할 수 있을까

누군가 힘들어할 때 그 고통을 객관적으로 분석하고 평가하면서 대안을 내놓으려는 사람들이 있다. "이건 이런 게 아닐까? 그 문제는 그런 것이 아닐까?" 열심히 생각하고 의견을 내놓는다.

우리는 말 몇 마디로 무언가를 해결하려고 한다. 하지만 그 몇 마디가 오히려 문제를 더 어렵게 만든다. 상대방의 문제를 해결해 주거나 관계가 좋아지는 것이 아니라, 상대에게 '이해받지 못하는 고통'까지 더해 주고 관계도 서먹해진다. 우리는 무언가에 대해 섣부르게 판단하고 분석해서 결론 내리려고 하는 경향이 있다. 그것이 오히려 사람의 마음을 상하게 하고 관계를 깨뜨린다는 사실을 모른채.

문제의 해결을 위해 필요한 것은 그 문제나 고통에 대해 '이유가 무엇인지 생각하는 것'이 아니라, 그저 그 사람에게 다가가서 그 사람이 느끼는 아픔을 '있는 그대로 함께 느끼는 것'이다.

공감은 관계의 문을 열고 관계를 성장시키는 열쇠다. 하지만 사람들은 남들의 고통에 너무 무심하다. 자신도 이전에 비슷한 문제를 겪어 보았거나 혹은 지금도 겪고 있을지라도, 남의 고통을 나의 경험과 연결시키지 못하는 때가 많다.

누군가가 자신의 아픔을 정말 알아 주고 함께 아파한다면, 머리로만 '이해' 하는 것이 아니라 마음으로 '인정'하고 공감해 준다면 그 사람은 나에게 행복을 준다. 나의 고통이 누군가의 고통에 연결될 때 그래서 함께 고통을 끌어안을 때 우리는 서로에게 행복을 주는 사람이 된다.

작은아들의 유희왕 카드

작은아들과의 관계가 완전히 깨어질 뻔한 적이 있다. 그 일 이후로 '관계'에 대해 많은 생각을 하게 한 사건이다. 작은아들은 초등학교 시절 유희왕 카드에 빠져 살았다. 내가 보기엔 거의 미쳤다고 할 정도였다. 당시 작은아들의 낙은 유희왕 카드를 모으는 것이었다. 그리고 매일 친구들과 함께 유희왕 카드를 하는 게 매우 중요한 하루 일과였다. 학교에만 갔다 오면 유희왕 카드, 돈만 생겼다 하면 유희왕 카드, 매일 집에 친구들을 불러 모아서 "얍! 얍!" 카드 놀이를 한다며 소동을 피웠다. 나는 몹시 못마땅했다.

어느 날 나는 특단의 조치를 내렸다. 아이가 학교에 간 사이에 작은아들이 모은 유희왕 카드를 전부 버린 것이다. 수업을 마치고 돌아온 아이는 아니나 다를까 목마른 사슴이 시냇물을 찾듯 허겁지겁 카드를 꺼내려고 뒤지는데, 아무리 사방을 뒤져도 카드는 안 나왔다. 내가 아무렇지 않은 표정으로 "아빠가 버렸어."라고 말하자, 아이는 새하얘진 얼굴로 "어디다 버렸어요?" 했다. 약간 뜨끔해하며 "이미 쓰레기차가 가져갔을 거야." 했더니, 작은아들은 왈칵 울음을 터뜨렸다.

아이가 "흑흑흑" 흐느껴 울기 시작하더니 한참이 지나도록 울음이 멈추지 않았다. 얼마나 서럽게 우는지 마치 아버지가 죽었을 때나 나올 법한 울음으로 서럽게 울었다. 아무리 울음을 그치라고 다그쳐도 아이의 울음은 커져만 갔다. 당황스러워진 나는 이제 살살 달래가며 "울지마, 울지마." 하는데도 아이는 계속 울었다. 자기 스스로도 어쩌지 못하여 통곡하는 아이를 보고 나는 충격을 받았다. 우리 아버지 돌아가셨을 때도 나는 저렇게 슬프게 안 울었는데, 우리 아들은 마치 자기 아버지가 죽은 것처럼 유희왕 카드 때문에 저렇게 서럽게 울다니. 망치로 한대 얻어맞은 것 같았다.

센스쟁이 우리 아버지

그 순간 나는 '이렇게 하면 안 됐구나' 하는 생각이 퍼뜩 들었다. 그리고 어릴 적 내 생각이 났다. 나는 초등학교 때 강원도 양구라는 산골 마을에서 대도시인 인천으로 이사를 왔다. 그때 나는 이사하는 게 너무 슬펐다. 매일 함께 놀던 친구들과 매일 휘젓고 다니던 정든 마을과 학교를 떠나는 게 너무나도 싫었다. 친구들과 헤어지고, 낯선 학교로 옮기고, 매일 매일 신나게 놀던 곳을 떠난다는 사실이 나에겐 너무 슬프고 힘든 일이어서 많이 울었던 기억이 난다. 그렇지만 나로서는 어쩔 수 없는 상황이었기에 나중엔 모두 포기하고 마음을 정리했다.

그런데 결코 포기할 수 없는 한 가지가 있었다. 바로 딱지였다. 나는 그때 동네 친구들 사이에서 딱지의 달인이었다. 딱지를 가지고 놀다가 손톱이 부러지고 손가락을 다쳐 가면서도, 딱지치기를 정말 열심히 해서 온 동네 딱지를 다 모았다. 나는 그 소중한 딱지를 비료 포대에 잔뜩 모아 두었다.

나는 그 소중한 추억이 담긴 자랑스러운 딱지들을 가지고 갈 생각에 약간의 위안을 얻으며 엄마에게 이사 갈 때 비료 포대 한가득 모은 딱지를 가져가겠다고 말했다. 그런데 엄마는 매몰차게 거절했다. "저 쓰레기를 뭘 가지고 가. 버려!" "아이, 엄마." "버려!" "아이, 엄마." 긴 실랑이가 이어졌지만 엄마가 너무 단호해서 결국 버리기로 결론이 났다.

나는 그 어린 나이에도 절망이 무엇인지 알 것 같았다. 그때의 나를 가만히 떠올려 보니 내가 우리 아들처럼 그렇게 서럽게 울었던 것이다. 나는 너무나도 슬프고 고통스러워 울음을 멈추지 못했다. 정든 고향과 친구들을 떠나는 것도 서러운데 그 분신 같은 딱지조차 가지고 갈 수 없는 현실로 인해 너무나도 슬피 울었던 것이다.

그때 떠오르는 장면이 있었다. 센스쟁이 우리 아버지가 이사하는 날 아침, 울고 있는 내게 눈을 찡긋하고는 엄마 몰래 이삿짐 트럭 한구석에 딱지를 실어 주셨던 것이다. 나는 그 장면을 떠올리고 크게 깨달았다. 초등학교도 못 나오고 나이도 많으셨던 아버지는 배우지 못하고 세대 차이가 뭔지도 모르는 분이었지만 내 마음을 깊이 공감해 주셨던 것이다. 나의 아픔을 무시하지 않고 나에게 소중한 것이 무엇인지를 알아보고서 그것을 지켜 주셨다. 나의 아버지는 배우지 못한 농사꾼이었지만, 아버지로서는 참 훌륭한 분이었다.

억울함을 알아 주기

나는 작은아들이 우는 모습을 보며, 과거의 내 모습과 웃으며 '쉿!' 하고 딱지를 트럭에 싣던 아버지의 모습을 동시에 떠올렸다. 그러자 아이에게 너무나 미안했다. 나는 아들에게 "너한테 유희왕 카드가 그렇게 소중한 것인지 몰랐다. 미안하다."라고 말하며 정말로 정중하게 사과를 하고 안아 주었다. 그제야 아이는 조금씩 울음을 그쳤다. 정말 큰일 날 뻔했다.

요즘은 청소년기 자녀와 아버지가 이런저런 이야기를 하며 친하게 지내는 일이 드물다고 한다. 다행히 우리 가족은 아직까지는 엉겨붙어서 서로 이야기를 나누며 지낸다. 만약 내가 그때 그 일을 진심으로 사과하지 않아서 아이의 상처가 회복되지 않고 관계가 복원되지 못했다면, 그것이 문제인지도 모르고 지나쳤다면, 그런 일들이 쌓이고 쌓여 왔다면, 지금쯤 우리 관계도 그리 친밀하지 못할 것 같다.

누군가 아파하는 것에 공감할 수 없다면, 누군가 힘겨워 하는 것에 공감할 수 없다면 우리는 그 사람과의 관계를 회복할 수 없다. 내가 이렇게 고통스럽고 억울하고 아픈데 상대가 알아 주지 않을 때 그 억울함은 어떻게 하나. 사실 그 억울함이 관계를 깨트리는 계기가 된다. 그 억울함 때문에 벽이 생겨서 서로를 바라보지 못하게 된다. 깨어진 관계를 복원하는 것은 그 사람이 억울해하는 자리로 내려가는 것에서부터 시작한다. '공감'이 관계의 문을 여는 열쇠이자 출발점이다.

나를 내려놓고 내려가기

중요한 것은 공감을 위해 누군가에게 다가가기 위해서는 나를 내려놓아야 한다는 것이다. 그의 자리에서 그를 있는 그대로 바라보기 위해서는 상대를 평가하거나 판단하려는 나의 마음을 내려놓고 그의 자리로 내려가야 한다. 나의 생각이 편견이 되지 않도록 잠시 나를 내려놓고서 그의 아픔과 기쁨을 있는 그대로 바라보는 것이다.

나를 내려놓지 않으면 상대를 있는 그대로 바라보고 받아들이지 못한다. 그래서 자꾸 판단하고 평가하게 된다. 상대를 이해하는 것이라고 착각한 채 자신의 생각으로 문제를 바라본다. 그 결과 마음과 마음이 만나기가 어려워진다. 어쩌면 우리가 누군가를 이해하는 것은 불가능할지도 모른다. 그럴 때는 그냥 곁에서 함께하며 "많이 아프구나. 많이 힘들구나." 해주면 된다.

화가 난 사람 옆에서 '이 사람이 왜 이렇게 화를 낼까?'라고 생각하지 말자. 그냥 '화가 많이 나 있구나.' 생각하고 가만히 곁에서 그 화가 누그러지도록 기다려 주는 것이 좋다. 옆에서 분석하면 더 화가 난다.

화가 난 사람에게 다가가 그게 화를 낼 일이 아님을 설명하면 더 화가 날 것이다. 힘겨워 넘어져 있는 사람에게 다가가 "이건 넘어져 있을 만한 일이 아니다. 툭툭 털고 일어나라."라고 말하면, 자신의 힘겨움을 알아 주지 못하는 그 사람이 야속하고 미울 것이다.

힘들고 지쳐 넘어져 있는 사람에게 필요한 것은 "많이 힘들지." 하며 가만히 곁에 있어 주는 것이다. 힘들어하는 사람 곁에서 힘들어하는 그 모습 그대로를 바라봐 주면 된다.

함께 아파하고 슬퍼하고 기뻐하는 것, 함께 느끼는 것, 그것이 관계의 문을 열어 주는 열쇠다. 그러기 위해 우리는 나를 내려놓고 그 사람의 자리로 가야 한다. 그 사람의 입장이 되어 함께 기뻐하고, 함께 슬퍼하고, 함께 아파해야 한다.

4

관계의 발전

소통의 시작, 경청

공감을 통해 마음 문이 열렸다면 이제 그 문으로 들어가야 한다. 그리고 소통해야 한다. '관계의 발전'은 다른 말로 '소통'이라고 이야기할 수 있다. 관계는 건강한 소통을 통해 자란다. 어떻게 하면 아름답고 건강한 소통을 이룰 수 있을까? 아름다운 관계를 만들어 나가는 건강한 소통의 시작은 '잘 들어주기'에서부터 시작된다.

사람들은 말을 잘하는 훌륭한 사람을 사람들이 좋아할 것이라고 생각한다. 설득력 있게 논리적으로 이야기하는 사람을 좋아할 것이라고 생각한다. 하지만 사실 사람들은 자신의 이야기를 잘 들어주는 사람을 좋아한다. 모임에 가면 혼자만 계속 이야기하는 사람이 있다. 그런 사람을 보면 어떤 생각이 드는가? 혼자 잘난 척 하는 것 같기도 하고, 어떨 때는 나를 무시하는 듯한 느낌도 든다. 내 이야기는 듣고 싶어 하지 않는 것 같고, 그래서 내가 하고 싶은 이야기는 결국 하지 못하고, 나의 존재는 무시당하는 느낌이 든다.

눈을 또랑또랑하게 뜨고 내 이야기를 귀담아 들으며 이런저런 반응을 보이는 사람을 보면 어떤가? 기분이 정말 좋다. 그런데 사람들은 멋지게 이야기하는 자신의 모습에 상대가 감동을 받을 것이라고 생각한다. 실제로는 이야기를 독점하는 자신을 짜증스러워한다는 것을 모른 채 말이다.

관계를 아름답고 건강하게 자라게 하는 소통의 핵심 비결은 잘 들어주는 것이다. 우리는 관계가 깨어졌을 때 할 말이 너무나 많다. 깨어진 관계의 책임이 내게 있지 않고 너에게 있음을 논증하기 위해 많은 애를 쓴다. 마치 자신의 의로움을 증명하는 것이 문제의 해결을 위한 핵심 열쇠인 것처럼 생각한다. 하지만 이러한 태도는 관계를 깨트리고 악화시킬 뿐이다.

건강하게 성장하는 관계를 원한다면, 가만히 상대의 이야기를 들어주자. 그리고 듣는 것에서 더 나아가 공감해 주자. 말하는 것보다 듣는 것에 더 많은 시간을 들이며 적극적인 공감을 표현하는 것이 습관이 된 사람들 주변에는 그를 좋아하는 사람들이 많다.

누군가 내 이야기를 진지하게 들어줄 때 왜 기분이 좋을까? 존중받고 있다고 느끼기 때문이다. 누군가 내 이야기에 공감을 표현하며 들어줄 때 나는 인정받고 있다고 느끼고 안정감을 얻는다.

내가 존중받고 인정받고 있다고 느끼게 해주는데 어떻게 그 사람을 좋아하지 않을 수 있겠는가? '세품아'가 형성되던 초기에 내가 했던 일은, 밤에 함께 라면을 끓여 먹으며 아이들의 이야기를 전심으로 들어주는 것, 그것이 전부였다.

직업적인 습관 때문에 이야기를 들어주는 것이 정말 힘든 사람들이 있다. 나 같은 목사들은 언제나 이야기를 하며 사는 것이 습관이 되어서 남의 이야기를 들어주는 것이 쉽지 않다. 부모나 교사들 역시 가르치는 것이 습관이 되어 끈기 있게 아이들의 이야기를 들어주는 것이 너무나도 힘들다. 아이가 이야기를 하면 그것을 들으면서 계속 분석하고, 평가하고, 언제 말을 할지 기회를 포착하기 위해 애를 쓴다. 자신의 멋진 말을 통해 상대가 무언가를 깨닫고 변화될 것이라 생각하고, 자신의 훌륭한 조언이 필요할 거라고 착각하며 살기 쉽다. 하지만 아름다운 관계를 만들어 나가는 건강한 소통의 시작은, 내가 하는 옳고 아름다운 말이 아니라, 먼저 그 사람의 자리에서 충분히 들어주는 것에서부터 시작한다.

잘 들어주는 것은 생각보다 힘들다. 경청은 정적이기보다 동적인 활동이다. 마음을 집중해 적극적으로 듣는 능동적인 행동이다. 누군가의 이야기를 듣다 보면 반박하고 싶고, 지적하고 싶고, 내 관점에서 가르치고 싶은 마음이 계속 생겨난다. 잘 들으려면 이런 욕구를 의지적으로 계속 다스리며 잘 참아야 한다. 그렇게 하기 위해서는 훈련이 필요하다. 한편으로, 이것은 나를 내려놓는 훈련이기도 하다.

아낌없는 칭찬과 격려

두 번째로는 아낌없는 칭찬과 격려가 아름다운 관계를 만든다. 아낌없는 칭찬과 격려가 중요하다는 것은 누구나 잘 안다. 하지만 소중함을 알면서도 잘 실천하지 못하기에 더 중요한 문제다. 왜 우리는 칭찬과 격려가 중요하다는 것을 알면서도 잘 하지 못할까?

욕하고 화내는 것은 노력이 필요없다. 남의 흠을 찾아 내고, 비판하고, 비난하는 일은 그렇게 어렵지 않다. 노력 없이도 즉각적으로 가능하다. 내 눈의 들보는 안 보이고, 남의 눈의 티끌은 귀신같이 찾아 내는 것이 인간이다. 그러나 칭찬과 격려는 자연스럽지 않고 힘이 든다. 칭찬과 격려는 노력이 따르지 않으면 잘 되지 않기 때문이다. 누군가를 칭찬하고 격려하기 위해 우리는 '의도적으로' 실천해야 한다.

여기서 중요한 것은 모든 인간은 관계에 있어서 칭찬과 격려를 가장 갈급해한다는 것이다. 칭찬과 격려를 싫어하는 사람은 아무도 없다. 칭찬과 격려는 들어도 들어도 좋다. 그것이 문제라면 문제다. 인간은 본

능적으로 욕하고, 화내고, 남의 흠을 찾아 내고, 비난하는 데는 익숙하면서, 반대로 칭찬과 격려를 받는 것은 너무나도 좋아하고 갈급해한다.

그런데 우리나라는 전통적으로 칭찬과 격려에 인색하다. 칭찬과 격려를 많이 받아 보지 못했으니 잘하지 못하는 것은 당연하다. 나 또한 마찬가지다. 그래서 나는 누군가를 처음 만났을 때 그 사람 안에 숨겨진 보석을 발견할 수 있도록 눈을 열어 달라고 기도한다. 그렇게 기도하며 노력한 지 수년이 지난 지금은 칭찬과 격려에 꽤 익숙한 사람이 되었다.

여기서 우리가 생각해 보아야 할 중요한 문제가 있다. 칭찬과 격려는 먹어도 먹어도 배가 고프고 늘 먹고 싶은 것이지만, 노력해야만 되는 일이기에 우리가 바라는 만큼의 칭찬과 격려를 얻기가 어렵다는 것이다. 칭찬과 격려를 자신이 기대하는 만큼 만족스럽게 받으려고 하면 관계를 깨트릴 수 있다.

또한 진심을 담은 칭찬만이 사람을 변화시키며 관계를 발전시킨다. "칭찬은 고래도 춤추게 한다."라는 말이 있다. 그러나 결코 '춤을 추게 하기 위해' 고래를 칭찬하면 안 된다.

진짜 칭찬과 가짜 칭찬이 있다. 가짜 칭찬은 '목적을 위한 도구'로서의 칭찬이다. 즉, 고래에게 칭찬하는 이유가 '고래를 춤추게 하기 위해서'일 때 그것은 가짜 칭찬이다. 우리는 어떤 목적을 위한 방편으로 칭찬을 들으면 기분이 좋지 않다. 이용당하고 속는 느낌이 들기 때문이다. 누군가가 나를 조종하기 위한 도구로 칭찬을 한다면 얼마나 기분이 나쁘겠는가.

진짜 칭찬은 상대의 존재에 관심을 가진다. 그의 성장과 발전을 지켜보며 기뻐하는 마음을 가질 때 진심어린 칭찬의 말이 우러나온다. 뭔가를 잘해서 칭찬하기보다, 뭔가를 잘하는 존재 자체를 칭찬하는 것이다. 더 나아가, 아직 뭔가를 잘하지 않아도 존재 자체를 칭찬하고 기대해 주면, 이런 칭찬은 큰 힘이 된다. 내가 정말 깊이 인정받고 존중받고 있다는 느낌을 받는다.

분명하게 이야기하기

상대의 자리에서 공감하며 잘 듣고, 진짜 칭찬을 해주면, 서로의 관계는 점점 좋아지고 회복될 수밖에 없다. 그 다음으로 중요한 것은 자기의 의견이나 생각을 이야기할 때 '분명하게 이야기 하는 것'이다.

많은 사람들이 분명하게 이야기하는 것을 두려워한다. 지레짐작으로 내가 이렇게 이야기하면 상대방은 이렇게 할 것이라고 예측하여, 해야 할 말을 안 하거나 두루뭉술하게 말해서 진실을 전달하지 못하는 경우가 많다. 하지만 그런 불분명함이 관계의 파괴를 가져오곤 한다. 불분명한 표현이 오해를 일으키고, 결국은 그 오해가 관계를 더 악화시킨다. 우리는 분명하게 이야기하는 것을 두려워하지 말아야 한다.

인간은 자기 나름의 잣대로, 자기 위치에서 해석한다. '내가 이렇게 말하면 상대가 이렇게 해석하겠지.'하고 나름대로 예측하여 말하지만, 상대는 내가 예측한 대로 해석하지 않는 경우가 많다. 그러므로 상대가 이러이러하게 이해하고 이러이러하게 행동하기를 바란다면 그것을 명확히 표현해야 한다. 상대가 나의 의도를 알아 줄 것이라고 생각하며 불분명하게 표현하면 문제가 생긴다. 진실만을 분명하게 이야기하는 것이 관계를 더욱 아름답게 만들어 나가는 소통을 이룬다.

5

관계의 완성

진정한 사랑, 인정과 존중

다음으로, 아름다운 관계를 만들어 나가기 위해 가장 중요한 요소 가운데 하나는 '사랑'이다. 진정한 사랑은 관계의 완성으로 우리를 이끈다. 우리가 진정으로 누군가를 사랑한다면 그 관계는 회복될 수밖에 없다. 어쩌면 이 당연한 이야기는 제대로 실천하기가 어렵고, 그래서 우리에게 식상하게 느껴지기도 한다.

그렇다면 사랑받고 있다는 것을 언제 느끼는가? 우리는 인정받고 존중받을 때 사랑받고 있다고 느낀다. 인정과 존중은 사랑의 중요한 표현 방식 중 하나다. 우리에게는 세상과 사람들에게 존귀하고 소중한 존재로서 인정받고 싶고 존중받고 싶은 간절한 소망이 있다. "적에게조차 인정받고 싶은 것이 사람 마음이다."라는 말이 있다. 어느 누구에게도 자신이 소중한 존재로 인정받지 못할 때, 인간이 느끼는 괴로움은 상상할 수 없을 만큼 크다.

한편으로, 어느 한 사람이라도 나의 존재를 인정해 주면 그것으로 인해 내 삶이 바뀌기도 한다. 진심으로 인정하는 말 한 마디는 한 사람의 인생을 바꿀 만큼 큰 위력이 있다. 나를 인정해 주고 존중해 주는 사람과의 관계는 당연히 좋을 수밖에 없다. 그것은 아름다운 관계의 발전으로 이어진다.

산골 소년 이야기

강원도 양구 산골짜기에서 내가 다니던 초등학교는 한 반 정원이 열 여덟명 정도 되었다. 전교생이라고 해봐야 백 명 안팎이었다. 그래서 모든 선생님이 나를 알고, 동네 사람들도 다 나를 알고, 모두가 서로를 알고 서로의 존재를 인정하고 존중했다. 그러다가 초등학교 3학년 때 인천으로 전학을 갔는데, 전학을 간 학교에서는 내 번호가 77번이었다. 학생이 너무 많아 오전 반, 오후 반이 따로 있었고, 2부제 수업을 했다. 오전 반 77명, 오후 반 77명이 있어서 한 반 정원은 140명이 넘었다. 전교생은 6천 명이 넘었던 것 같다.

전학을 간 내가 처음에 얼마나 문화 충격을 받았겠는가. 그나마 다행인 것은 시골 학교에서는 공부를 굉장히 잘했기에 선생님이 내 성적표를 보고는 매우 좋아하셨다. 그런데 전학 후 첫 번째 시험을 보고 나서 결과를 보신 선생님은 얼굴이 일그러지셨다. 그리고 짜증스러운 얼굴로 "성적이 왜 이래? 아유, 촌놈이 별 수 있어?"라고 투덜거리시는 거였다. 성격이 소심한 나는 안 그래도 움츠러들어 있었는데, 그 일이 큰 상심이 되고 아픔으로 남고 말았다.

사실 전학 오기 전 학교와 수업 진도가 달랐던 것인데, 전학 오자마자 배우지 않은 부분에서 시험을 보았으니 어쩔 수 없이 점수가 안 좋게 나온 거였다. 나는 상심과 억울함으로 마음이 아팠지만 아무도 그 마음을 몰라 주었다. 그 이후로 나는 더욱 소심한 아이가 되었고, 점점 더 학교에 적응을 못했다. 어느덧 나는 학교에서 존재감 없는 아이가 되어 있었다. 그러던 어느 날, 5학년에서 6학년으로 올라가는 마지막 날이었다. 선생님이 아이들 이름을 부르며 무언가를 나눠 주셨는데, 나를 "장명진"이라고 부르셨다. 나는 명성진이다. 1년이 지나도록 선생님이 내 이름을 모르고 계셨다는 것을 알고 충격을 받았다.

게다가 그때 우리 집은 가난하기까지 했기에 어린 나이에 모멸감을 느끼는 일도 종종 겪어야 했다. 당시에는 중학교 때 월사금을 내야 했는데, 그걸 못 내면 아이들이 다 보는 앞에서 자리에서 일어서 있어야 했다. 그런 일들까지 겪다 보니 극단적으로 소심했던 아이가 어느 순간

반발심이 생기면서 일부러 공부도 안 하고 자꾸만 비뚤어져 갔다.

내 인생의 한 마디

그렇게 위태로운 사춘기를 겪던 중에 중학교 3학년 초 잊지 못할 사건이 있었다. 수학 시간에 칠판 앞에 나와 문제를 푸는 시간이었는데, 문제를 못 풀었더니 종아리에 피멍이 들 정도로 맞은 것이다. 나는 '어린 나이에 내가 왜 이렇게 맞아야 되나, 저 수학 문제를 풀지 못한 게 그렇게 큰 죄인가?'라는 생각을 하다가 화가 나고 오기가 생겨서 공부를 시작했다. 한 8개월 정도 연합고사 준비를 했더니 성적이 좋은 아이들이 가는 학교에 가게 되었다.

그 학교에서 내 인생을 반전시킨 일이 있었다. 담임 선생님이 출석을 부르시다가 나를 보시더니 "네가 임시 반장 해라."라고 하셨다. 반장 같은 것은 꿈도 안 꿨던, 소심하고 삐딱한 학교 부적응아였던 나에게 임시 반장을 하라니. 그러다가 나중에 반장 투표를 했는데 이번에는 진짜로 반장이 되어 버렸다.

그때 담임 선생님은 대학을 졸업하고 처음 담임을 맡으신 영어 선생님이었는데, 우리 반은 아침마다 영어 단어 쪽지 시험을 보곤 했다. 그런데 놀던 생활을 정리하지 못했던 나는 친구들과 음주 가무를 즐기느라 공부를 전혀 하지 않았다. 그래도 부정 행위를 하는 것은 자존심이

상해서 쪽지 시험에 백지를 냈다. 그런데 선생님이 그 백지 시험지를 보시더니 갑자기 내 앞으로 걸어오셔서는 "손 내밀어." 하시고 손바닥을 때리시는데, 선생님 팔이 아플 때까지 때리시는 것이었다. 나는 아프다는 생각보다 '이 여자가 왜 이럴까.' 하고 생각했다.

그런데 세상에, 선생님은 눈에 눈물이 그렁그렁한 채로 "명성진, 넌 그런 놈이 아니잖아!"라고 하시면서 몽둥이를 던지고 교무실로 확 가버리시는 거였다. 그 순간 눈앞이 하얘지면서 내 머릿속에는 '명성진, 넌 그런 놈이 아니잖아…잖아…잖아…'라는 말이 메아리가 되어 계속 울렸다. 내가 초등학교 시절부터 늘 느껴 왔던 게 '참을 수 없는 존재의 가벼움'이었는데, 심지어는 1년이 지나도 담임 선생님이 이름을 몰라 주는 그런 아이였는데, 아무도 인정해 주지 않던 존재감 없는 아이에게 "넌 그런 놈이 아니잖아."라니.

그 순간 나도 모르게 눈물이 터졌다. 어찌된 일인지 천하에 명성진이 창피한 줄도 모르고 엉엉 울었다. 한참을 그렇게 울다가 정신을 차리고 세수를 하고는 교무실로 가서 선생님께 "저 이렇게 살지 않을게요."라고 말씀드렸다. 바로 그 순간이 내 인생의 전환점이 되었다. 그 선생님이 그때 처음으로 나의 존재를 인정해 주었던 것이다. 선생님은 나 자신도 알지 못했던 나의 가치를 인정하고 나를 존중해 준 것이다. 소심한 내가 가슴에 한이 되도록 느꼈던 '참을 수 없는 존재의 가벼움'은, 내가 권위 있는 존재라고 여겼던 그 선생님의 한 마디 말로 날아가

버렸다. 그 선생님 덕분에 지금 내가 이렇게 살고 있다고 해도 과언이 아니다.

그분은 지금 모교의 교장 선생님이 되셨다. 어찌 보면 내게는 유일한 선생님이다시피 한 분이다. 선생님은 혹 잊으셨을지라도 분명 그때 열정적인 신참 선생님이 해주신, 나의 존재를 인정하는 진심어린 말 한 마디가 내 인생을 바꿨다.

존재에 대한 칭찬

최고의 칭찬이란 어떤 것일까? 누군가를 칭찬할 때 "너 이거 정말 잘했구나."라고 말하는 건 그 사람의 행동에 대한 칭찬이기 때문에 한시적인 칭찬이다. 그 행동이 변하면 칭찬을 하지 않을 것이기 때문이다. 나에게 오랫동안 좋은 영향을 주는 칭찬은 어떤 것일까? "너 참 괜찮은 아이구나." "보면 볼수록 괜찮은 아이네."라고 말하는 것은 존재 자체에 대한 칭찬이다. 네가 한 행동 하나하나가 칭찬거리라기보다 네 존재 자체가 괜찮다는 것, 바로 존재 자체가 칭찬할 만하다는 것이다.

사람들이 가장 갈급해하는 것이 바로 이것이다. 사람들은 내 존재를 인정해 주고 존중해 주며 '너 참 괜찮은 아이다.'라고 칭찬하는 말을 듣고 싶어 한다. 최고의 사랑은 무엇일까? 그 사람이 가진 깊은 내면의 소망을 충족시켜 주는 것이 아닐까? 그렇다면 그 사람의 행동과 상관없이 누군가의 존재 가치를 인정하는 것, 그것이 바로 최고의 사랑 표현이다.

앞서 고등학교 때 선생님은 자신의 가치를 스스로 인정하지 못하고 있던 나에게 "넌 그런 아이가 아니다. 넌 원래 괜찮은 아이이다."라고 인정해 주신 것과 같다. 백지 시험지를 낸 나의 행동에 대해 판단하고 벌을 준 것이 아니라, 선생님이 알고 있고 칭찬하고 싶은 나의 가치를 내가 드러내지 못하고 있는 것에 대해 책망한 것이다. 그것은 나의 존재 자체를 칭찬한 것이나 마찬가지다.

우리가 누군가를 사랑하고 관계를 맺어 나갈 때 아름다운 관계를 원한다면, 그 사람의 행동 하나하나를 평가해서 칭찬해서는 안 된다. 생각보다 우리가 얼마나 많이 사랑이라는 이름으로, 사랑 때문에 상처를 받는지 모른다. 우리는 대부분 가치 평가의 사랑을 한다. 사랑한다고 하지만, 존재 자체를 사랑하는 것이 아니라 가치를 평가하여 사랑하는 것이다. 그런 조건적인 사랑은 오히려 상처가 되기도 한다.

연인 사이에서도 "내가 왜 좋아?"라고 묻는데, "나한테 잘해 주니까."라고 말한다면, 이것은 나한테 못 해주면 안 좋아한다는 것이기 때문에 상처가 되는 대답이다. "그냥 좋지, 이유가 어디 있어."라는 말이 정말 연인에게 듣고 싶은 대답이 아닐까? 연인 사이에서뿐만 아니라 다른 모든 관계에서도 마찬가지다. 나의 행동 때문이 아니라 나의 존재 자체가 칭찬받을 때 우리는 행복하다.

언젠가 아들과 대화하다가 놀란 적이 있다. 어느 날 학교 시험에서 백 점을 맞고 돌아온 아이가 기특해서 칭찬을 했다. "와, 우리 아들 백 점 맞았어? 어이쿠, 우리 아들 사랑해." 많은 부모들이 그런 이야기를 아무렇지도 않게 한다. 그런데 아이들은 그것을 어떻게 받아들일까? '우리 아빠는 내가 백 점 맞을 때 사랑하는구나.'라고 생각한다. 그 뒤로 나는 아이가 이렇게 생각하는 걸 어떻게 고칠까, 나의 진심과 사랑을 어떻게 전할까, '내가 너를 사랑하는 이유는 네가 백 점 맞고 말 잘 들어서가 아니라, 단지 내 아들이기 때문에 너의 존재를 사랑한다.'라는 걸 어떻게 알려 줄까 고민했다.

내가 했던 방법은 이것이다. 아이가 시험 준비를 하고 있을 때 위로하며 이렇게 이야기한다. "시험 공부 하느라 힘들지. 이번에 시험 잘 보면 아빠가 상으로 네가 갖고 싶어 하던 이거 사줄게." "정말?" "응." 그러고는 시험보는 날, 아이가 학교에 가면 나는 이미 선물을 사다가 아이 책상 위에 놓아 둔다. 아이가 시험을 보고 집으로 오면 선물을 발견하고 놀란다. 아이는 "아빠, 아직 시험 결과도 안 나왔는데 선물이 있네?" 하고 어리둥절해한다. 그때 나는 나의 진심을 전하는 것이다. "아빠가 너를 사랑하는 이유는, 네 시험 결과 때문이 아니라 네가 내 아들이기 때문이야. 내가 선물을 주고 싶은 건 내 아들을 사랑하기 때문이지, 성적 때문이 아니야."

어떤 순간에도 내 아들이라는 사실이 변하는가? 변하지 않는다. 우리 아들은 공부를 잘 할 수도 있고 못 할 수도 있는 것이다. 그러므로 아들이기 때문에 그 존재 자체를 사랑하는 것은 어떤 상황에서도 사랑하는 것이다. 아이가 시험을 잘 보아도 못 보아도, 어떤 행동을 해도 변하지 않는 사랑이다. 이처럼 관계의 결실을 맺으려면 우리는 존재 자체를 사랑하고, 존재 자체에 대한 칭찬을 해야 한다.

가치 평가에 의해서, '때문에'의 사랑을 하면 관계에 실패한다. 존재 자체를 사랑하는 것은 행동과 상관없이, 어떤 행동을 해도 사랑하는 것이다. 그것은 다른 말로 믿음이라고 할 수 있다. 믿을 수 없는 사람조차 믿어 주는 것, 그것이 사랑이다. 그것은 실망과 손해를 각오하는 것이다. 그래서 사랑하면 마음이 아프고 힘이 든다. 그 아픈 것을 참고 그럼에도 끝까지 사랑할 때 승리한다.

유학파 비행 청소년

그런데 우리들은 보통 사랑을 하면서 상대방의 존재 자체를 있는 그대로 받아들이고 인정하고 사랑하는 것이 아니라, 자신이 주고 싶은 사랑을 한다.

우리 공동체에서 함께 생활하는 아이 중에 유복한 가정에서 자라나 어릴 적에 유학까지 다녀온 소위 유학파 비행 청소년이 있다. 그 아이는 객관적으로 보면 부잣집에서 부모의 많은 사랑을 받으며 자랐다. 어릴 적에 심하게 왕따를 당해서 부모가 일부러 해외 발령을 받아 미국으로 가서 아이를 교육시켰다. 이런 사정만 아는 많은 사람들은 이 아이의 일탈 행동은 너무 복에 겨운 탓이라고 이야기한다.

나도 처음에는 어찌된 일인가 궁금했다. 그런데 그게 다가 아니었다. 어느 날 네 시간가량 아이와 같이 차를 타고 이동하게 되었는데, 그때 아이가 자신이 살아 왔던 이야기를 자신의 시각에서 말하는 것을 듣게 되었다. 이 아이는 어릴 적부터 굉장히 독특했다고 한다. 지금도 음악을 하는데 힙합과 랩을 좋아한다. 그래서인지 옷도 특이하게 입는다. 내가 보기에 이게 옷인가 싶은데 본인은 그게 멋있다고 한다. 내가 보기엔 쓰레기인데 그걸 너무 좋아하는 거다. 그런데 어느 날 어머니가 사온 셔츠를 나에게 들고 와서 보여 주었는데, 그 옷은 사실 목사인 내가 입기에도 너무 단정한 스타일이었다. 힙합 스타일만 좋아하는 아이에게 어머니는 굳이 그런 옷을 사다 주는 것이다.

어린 시절에는 "아빠, 이 장난감 갖고 싶어요. 이거 사주세요."라고 말하면, 아이의 독특한 취향을 절대 인정해 주지 않고 "아, 이거 나쁜 거야. 이거 말고 이거 사."라고 했다고 한다. "엄마, 이 옷 사주세요."하면, 아니나 다를까 "아니, 이게 뭐니. 이거 말고 이거 사."라고 했다. 물론 부모님이 골라 주시는 것이 더 비싸고 좋은 것들이었다. 하지만 부모가 늘 그런 식으로 모든 면에서 자기가 원하는 것을 들어 주려 하지 않으니 아이는 부모가 자신의 존재를 무시한다고 생각하게 되었다. 그러면서 어느 순간 아이는 자기의 생각을 누구에게도 이야기하지 않게 되었다. 자기의 생각을 이야기해도 받아들여지지 않고 오히려 안 좋게 여기니 이야기를 하고 싶지 않게 된 것이다. 이것이 성격이 되어 초등학교에 들어가서도 아이들이 뭐라고 해도 아무 얘기도 안했다고 한다. 그러니까 아이들이 놀리기 시작하면서 왕따가 된 것이다.

그럼에도 아이의 부모가 생각한 해결방법은 아이에게 왜 문제가 생겼는지, 무엇이 잘못되었고, 아이가 무엇 때문에 힘들었는지 알아보고 아이의 존재를 있는 그대로 사랑해 준 것이 아니라, 문제를 피해 외국으로 나가는 것이었다. 그런데 아이가 외국에서 생활해 보니 외국의 부모들과 우리나라 부모들은 양육 방식이 달랐다. 그곳 부모들은 아이들의 생각과 의견을 존중해 주는데, 자신의 부모는 여전히 자신을 받아들여 주지 않으니 그런 부모의 행동이 더 힘들게 느껴졌고, 사춘기가 되면서 더 이상 견딜 수 없게 되었다. 그때부터 이 독특하고 재능 있는 아이는 어긋나기 시작했다.

주고 싶은 사랑, 받아야 할 사랑

아이의 부모는 나에게 와서 자신들이 줄 수 있는 사랑은 다 주었다고,

우리가 어렵게 살았기 때문에 아이에게는 후회하지 않을 만큼 다 해주었다고 말했다. 그런데 중요한 것은 부모님이 주고 싶은 사랑을 주었지, 이 아이가 받아야 될 사랑은 주지 않은 것이다.

앞서 이야기했듯이 사람은 존재 자체를 인정하고 칭찬하며 받아들여지기를 바란다. 사랑한다면 그것을 충족시켜 주어야 한다. 아이가 받아야 할 사랑은 그것이었다.

친구 사이에서도 연인 사이에서도 모든 관계에서도 똑같다. 내가 주고 싶은 것만 주고 이 사람이 무엇을 받고 싶은지에 대해서는 관심이 없으면, 그것을 충족시켜 주지 않으면 문제가 생긴다.

어쩌면 내가 사랑하는 대상이 사랑받고 있다고 느낄 때만 그 사랑은 유효한 것이다. 사람들은 대부분 나는 최선을 다했는데 내 사랑에 대해 반응이 없는 상대가 불의하다고 한다. 하지만 그것이 정말 그 사람이 받고 싶은 사랑이었는가 돌아 봐야 한다. 내가 주고 싶은 것만 끊임없이 주는 건 어쩌면 사랑이 아니라 '집착'이다.

우리가 주고 싶은 사랑과 상대방이 받고 싶은 사랑은 생각보다 차이가 크다. 받고 싶은 사랑이 충족되지 않으면 그 무엇을 받아도 사랑받고 있다고 느끼지 못한다. 자녀와의 관계에서 비극은 아이가 받고 싶은 사랑, 받아야 할 사랑을 주는 것이 아니라, 부모가 주고 싶은 사랑을 주기 때문에 시작된다.

인간은 관계의 존재다

우리는 혼자서 살아갈 수 없다. 인간은 관계를 맺으며 살아가는 존재다. 관계는 상호 작용이다. 내가 먼저 움직여서 손을 내밀며 다가가면 관계의 길이 열린다. 그 첫걸음은 바로 상대방의 아픔과 고통의 자리에 내려 가서 함께 느끼는 것이다. 그러면 그 사람의 마음 문이 열린다. 그때부터 우리가 해야 할 일은 무엇일까? 전심으로 들어주고 반응해 주기다. 그러면 끊어진 다리가 연결된다. 그 다음, 관계를 아름답게 완성시키고 꽃 피우는 건 사랑이다. 사랑에 있어서의 출발점은 그 사람 존재 자체를 인정하는 것이다. 최고의 칭찬은 "너 참 잘 하는구나."가 아니라 '넌 참 괜찮은 사람이야.'이라고 인정하는 것이다. 그의 존재를 인정해 주고 그 사람을 있는 그대로 세워 줄 때 우리의 관계는 온선해진다.

© 2012, 몽골 힐링캠프

따뜻한 손길이 필요한 아이들

"어른들의 눈에는 아이의 변하지 않은 '행동'만 보이고,
변하려고 노력하는 아이의 '마음'은 안 보인다."

1

아이들과의 관계

문제가 생긴 아이들

나는 위기의 청소년들과 10여 년 동안 긴밀하게 지내 오면서 우리나라 아이들이 처한 문제와 위기에 대해 깊이 고민하게 되었다. 최근 이런저런 기사에서도 안타까운 소식이 들려오듯이 현재 우리 아이들은 매우 심각하고 다양한 문제에 처해있다. 이전보다 훨씬 풍요로워진 시대에, 왜 청소년 문제는 점점 더 심각해져 갈까?

최근 한 연구에서, 아이들은 태어날 때부터 천성적으로 타인과 관계를 맺도록 입력되어 있음을 밝혔다. 성장 과정에서 가족, 학교, 이웃 공동체 등 주변 사람들과 안정적으로 연결된 아이일수록 문제 행동을 적게 보인다고 한다. 나 또한 아이들이 위기에 처하게 된 원인을 '관계' 에서 발견했다.

문제가 생겨 나와 생활하게 된 아이들의 가정을 보면 대부분 관계가 크게 깨어진 경우가 많다. 관계의 존재로 태어난 아이들이 가장 처음 관계를 맺는 가족 공동체에 문제가 생기면 아이들은 자연히 안정감을 갖지 못하고 문제 행동을 보인다. 무관심도, 과도한 관심도 아이를 망친다. 과연 우리 가족은 정말 건강한지 다시 한 번 성찰해 볼 때다. 우리는 과연 건강한 가족 관계에 대해 제대로 알고 있는지, 정말로 자녀들과 건강하게 관계를 맺고 있는지 돌아 보아야 한다.

가정의 역기능으로 인해 생긴 문제들은, 가정의 역할을 해줄 수 있는 또 다른 관계로만 해결할 수 있다. 아이의 자리에서 아이의 손을 잡고, 오랫동안 기다려 주고, 존재 자체를 인정해 주고, 끝까지 믿고 격려해 주는 가족의 역할을 할 사람이 필요하다. 이 과정이 없으면 진정 효과적인 교육 과정으로 나아갈 수가 없다.

나는 '관계'에 문제가 있어 힘든 성장 과정을 겪는 아이들과 함께 생활하면서, 우리 아이들이 건강하고 용기 있게 자신의 길을 걸어가며 미래를 개척해 나가기 위해서는 무엇이 가장 필요한지 알게 되었다. 뒤에 자세하게 이야기하겠지만, 결국 아이들을 정신적으로 건강하고 미래에 대한 열정을 가진 아이들로 성장시키기 위해 중요한 세 가지 핵심은 바로 '가족' '재미' '비전'이다. 가족이 줄 수 있는 관계의 안정감을 얻고, 무언가에 재미를 느끼고, 꿈꾸고 달려갈 자기 동력인 비전이 있을 때 아이들은 건강하게 성장한다. 학교도 안 나가던 아이들이 '세품아'에서 안정감을 찾고, 음악을 하면서 재미를 느끼고, 자기의 꿈을 발견하고, 결국에는 자기 갈 길을 찾아 대학에도 가는 모습을 보며 가장 놀라는 사람들은 아이들을 재판했던 판사님들이다.

'기다림의 마법'을 믿으라

당연하지만 간과하기 쉬운 것이 있다. 인간은 마음이 바뀌어야 행동이 바뀐다는 사실이다. 그런데 어른들은 아이들의 마음이 어떤지 헤아리지도 않고 아이들의 행동만 빨리 바뀌기를 기대한다. 그리고 아이들의 행동이 자신이 인내할 수 있는 한계 내에서 바뀌지 않으면 화를 내고, 야단을 치고, 벌을 준다.

그것은 아이의 행동을 바꾸기 위한 것이 아니라, 인내의 한계에 도달한 자신의 감정을 풀기 위한 것일 뿐이다. 그렇게 화를 내고, 야단을 치고, 벌을 주어도, 근본적으로 아이의 행동은 변하지 않을 것이기 때문이다. 마음을 알아 주지도 않는 사람의 말을 듣고 잘못을 깨달아 행동을 바꿀 사람이 몇이나 되겠는가?

그렇다면 마음을 바꾸려면 어떻게 해야 할까? 우선 감정을 다스려야 마음이 움직인다. 그러므로 문제가 생긴 감정이 다스려져서 제자리를 찾을 수 있도록 먼저 감정을 헤아리고 보듬어 주어야 한다. 그 과정을 통해 마음이 서로 통해야 한다.

굉장히 논리 정연하게 말을 잘 하는 사람들이 있다. 고운 말, 예쁜 말, 아름다운 말을 잘 하는 사람들도 있다. 옳은 말, 지당한 말만 하는 사람들도 있다. 아이들은 이들 중에서 어떤 사람의 말을 가장 잘 들을까? 답은 어떤 말을 하든 상관없다는 것이다. 아이들은 자기가 좋아하는 사람, 내 감정을 보듬어 주는 사람, 마음이 통하는 사람의 말을 듣는다. 그래서 좋아하는 사람의 말은 나쁜 말이어도 듣고, 비논리적인 말도 듣는다.

아버지, 어머니, 선생님, 아니 그 아무리 위대한 스승이어도 내가 좋아하는 사람이 아니면 아무리 옳은 소리를 해도 마음에 들어오지 않는다. 상처 받아 마음 둘 데 없는 아이들이 곁길로 빠져 나쁜 말을 듣게 되는 것은, 그 말이 좋아서가 아니라 그 길로 이끄는 사람이 자신의 감정을 읽어 주고 공감해 주기 때문이다.

아이들과 함께하면서 큰 위기가 닥친 적이 한 번 있었다. 그것은 물질적 어려움이나 건강 문제 같은 현실적인 위기가 아니었다. '세품아'를 시작하고 수년 후, 제 자리를 찾아가는 것 같던 아이들이 갑자기 다시 나빠지기 시작했을 때였다. 아이들은 한 번 궤도를 이탈하고 나니 걷잡을 수 없이 나빠졌다.

가장 성공적이고 기적과도 같은 변화로 사람들의 귀감이 되었던 아이 하나가 한순간에 추락해 버렸다. 이 아이는 새로운 삶을 시작하여 1년 개근을 한 아이였다. 우리 아이들이 개근상을 타는 것은 바다가 갈라지는 것보다 더 큰 기적이다. 그런 기적을 보여 준 아이가 소년원에 간 친구들이 돌아오자 다시 원래 모습으로 돌아갔다.

이때의 실망감은 이루 말할 수 없이 컸다. 나는 심하게 우울해졌고 고통스러웠다. 그런데 그렇게 고통스러워하다가 나 자신을 가만히 들여다보고 깨달은 것이 있었다. 무엇 때문에 내가 이렇게 고통스러운 것일까 깊이 생각해 보니, 아이들이 망가진 것이 마음 아파서가 아니라, 아이들을 바르게 이끌려고 했던 나의 노력이 실패했기 때문이었다. 아이들이 아니라 내가 실패해서 화가 나고, 우울하고, 고통스러운 것이었다. 나의 노력이 보상받지 못하자 화가 났던 것이다. 나는 목회자로서 밑바닥이 드러난 나의 모습에 절망했고 한동안 아무것도 할 수 없었다. 이 일은 나에게 귀한 교훈을 남겨 주었다. 이때부터 나는 아이들을 변화시키려는 생각을 버렸다. 나는 아이들을 변화시키는 사람이 아니라, 아이들과 함께 있어 주는 사람인 것이다.

그런 과정을 통해 얻은 답이 있다. '나는 아이들을 존재 자체로 사랑할 것인가? 그렇다면 나는 아이들이 어떤 모습이어도 함께할 것이다. 아이들이 행동을 바꾸든 말든, 끝까지 이 아이들 곁에 있을 것이다. 아이들의 고통을 함께 견딜 것이다.' 진정으로 그런 마음이 되었을 때, 아이들은 안정감을 찾고 다시 나의 말을 귀 기울여 듣고, 더 깊은 곳에서부터 급속히 변화되기 시작했다.

아이들은 좋은 말, 옳은 말로 자신의 행동을 변화시키려는 노력이 아니라, 끝까지 자신의 존재 자체를 받아들여 주고 함께 있어 줄 한 사람이 곁에 있다는 안정감이 있을 때 변한다.

기다림에 익숙하지 않은 세상이다. 눈에 보이는 것에만 가치를 두고, 보이지 않는 것에 의미를 두지 않는 세상이다. 우리는 언제부턴가 누군가와의 관계에서 '시간의 마법'을 믿지 않는다. 어른들은 어떤 프로그램이나 제도가 문제 있는 아이들을 빠른 시일 내에 말끔히 고쳐 주기기를 바란다. 자동차를 수리 공장에 맡기고 다른 일을 즐기며 결과를 기다리는 것처럼 말이다. 하지만 아이들에게 그런 일은 결코 일어나지 않는다. 아이들은 어떤 프로그램이나 제도에 의해 바뀌지 않는다. 보이지 않는 자신의 가치를 알아 주고, 그 마음을 읽어 주고 공감해 주는 한 사람이, '시간의 마법'을 믿고 함께 견디며 기다려 주는 한 사람의 노력이 아이들을 바꾼다.

눈에 보이는 프로그램이 아니라 보이지 않는 '진심'이 '시간의 마법'을 통해 아이를 바꾼다. 그리고 한 아이를 변화시키면 그 아이를 통해 백 명이 변한다.

행동 교정 프로그램을 받는다고 해서 아이들은 한순간에 변하지 않는다. 그것은 인간이기 때문에 당연한 것이다. 게다가 당연한 이야기지만, 아이들은 아직 다 자란 것이 아니다. 어른들이 아이들을 어떻게 자라게 하겠다고 계획한다고 해서 계획대로 되지 않는 게, 또 아이들 스스로도 어떻게 자라겠다고 계획한다고 해서 계획대로만 되지 않는 게 바로 '자라는 과정'이고 '성장'이다. 성장 과정에는 예상치 못한 일들이 있고, 누구나 성장통을 겪게 마련이다. 아이들 하나 하나의 성장 과정은 특별하다. 그것은 정형화된 프로그램으로 다룰 수 없다. 그래서 기다림이 중요하다. 아이들을 키우는 우리 어른들은 아이들이 성숙한 어른으로 자랄 때까지 한 명 한 명 믿고 기다려 주어야 한다. 그 과정이 아무리 답답하고 더디고 힘들게 느껴져도 기다려 주어야 하는 것이다.

소중한 인간의 권리와 의무

인간은 누구나 소중하며, 소중하게 받아들여질 권리가 있고, 또한 모든 사람은 상대를 소중하게 대할 의무가 있다. 어리다고 함부로 대하거나, 가난하거나 능력이 없다고 멸시해선 안 되는 존재다.

하지만 현실은 어떠한가? '당신은 소중하다.'라는 메시지가 어색하고, 무시와 폭력은 일상처럼 벌어지는 세상이다. 무조건적인 사랑을 주어야 하는 부모조차 왜곡된 사랑으로 자녀를 함부로 대한다.

우리가 잊고 있는 것이 있다. 내가 좋아하든 좋아하지 않든, 내가 인정하든 인정하지 않든, 나에게 행복을 주든 불행을 주든, 누구나 이 세상에 버금갈 만한 귀한 가치를 갖고 태어난다는 것이다. 그 한 사람이 제대로 성장한다면, 그 가능성과 가치는 상상할 수 없이 크다.

그런데 스스로 가치를 발견하지 못하고 세상이 인정하지 않아 자신을 쓸모없는 존재라고 여기며 살아가는 아이들이 너무 많다. 내가 '세품아'를 이끌면서 추구하는 목표는 모든 아이들이 '자기답게' 살아가는 것이다. 아이마다 '자기다움'을 회복하도록 그 옆에서 아이의 가치를 인정하며 함께 걸어가는 것이 내 역할이다. 또한 이것은 아이들과 함께하는 모든 어른들의 역할이다.

'자기답게' 살기는커녕 상처받아 방황하는 아이들이 너무나 많다면 지금 우리는 무엇을 해야 할까? 상처가 아물어도 그 흔적은 어디엔가 남는다. 완전한 치유는 없다. 그렇다면 누군가 아픔을 겪었을 때 우리가 할 수 있는 일은 그 상처를 지워 주는 것이 아니라, 그 아픔을 지닌 채 당당하게 일상을 살아갈 힘을 얻도록 도와 주는 것이다.

아이들의 크고 작은 아픔을 인정하고 공감해 줄 때, 상처의 흔적은 지울 수 없을지라도 아이들은 일상을 살아갈 힘을 얻는다. 그러면서 '자기답게' 살아갈 용기를 얻는다.

보이는 것만 보는 어른들

아이들과의 관계에서 어른들이 기억해야 할 것이 있다. 문제가 있는 아이들뿐만 아니라 모든 아이들의 부모나 선생님들에게 중요한 내용이다. 어른들의 눈에는 아이의 변하지 않은 '행동'만 보이고, 변하려고 노력하는 아이의 '마음'은 안 보인다는 사실이다.

아이들과 오래 생활하는 동안 차츰 아이들의 마음을 알게 되면서 발견한 사실이 있다. 모든 아이들은 과거의 잘못된 습관으로 돌아가려는 마음도 있지만, 동시에 고치려고, 변하려고 애쓰는 마음도 있는데 잘 안 될 뿐이라는 것이다.

그렇다면 잘못을 깨닫게 하는 것도 필요하지만, 그에 못지않게 변하려고 하는데 잘 안 되는 마음에 대한 위로와 격려도 필요하다. 잘못을 깨닫고 변하려고 마음먹었다고 해도 변하는 게 쉬운 일은 아니기 때문이다. 위로와 격려가 없다면 아이들은 스스로 변하기가 쉽지 않다.

유태인들은 자녀를 야단치기 전에 아버지가 정장을 차려 입는다고 한다. 화를 누그러트릴 시간을 갖기 위해서다. 잘못을 한 아이는 이미 자신의 잘못을 안다. 그래서 어떤 벌을 받을지 상상하며 방어막을 친다. 이때 아버지가 양복을 차려 입으며 화를 누그러트리고 함께 즐겁게 밥을 먹고 나서 잘못한 것에 대해 훈육하고, 위로하고, 격려한다고 생각해보라. 아이는 아버지의 사랑과 함께 충고를 잘 받아들일 것이다.

원래의 모습을 보아 줄 수 없을까

주변의 모든 사람들이 두려워하는 아이, 모든 사람들이 자신의 곁에서 사라져 주기를 바라는 아이가 있었다. 사람들은 이 아이를 학교 폭력의 가해자로 그리고 범죄 청소년으로 기억한다. 맞다, 심각한 학교 폭력의 가해자이고 범죄 청소년이다. 하지만 이 아이는 심각한 가정 폭력의 피해자이기도 하다.

이 아이를 처음 만난 곳은 분류 심사원이었다. 청소년들이 가장 지내기 힘들어하는 곳 가운데 하나다. "지내기가 어떠니?"라는 질문에 아이는 좋고 편하다고 대답했다. 이곳에 온 아이들은 잘 하지 않는 대답이다. 거짓말은 아닌 듯 했다. 그 이유를 물으니 "이곳에서는 맞지 않잖아요."라고 대답했다. 이 아이는 심각한 가정 폭력의 피해자였고, 그 스트레스와 분노를 이기지 못하고 또 다른 누군가에게 쏟아 부어 왔다. 그리고 이제 모든 사람들이 외면하는 아이가 되었다. 그런데 나는 이 아이가 쓴 시를 보고 아이의 원래 모습을 보게 되었다. 그 시는 아이의 두꺼운 껍질을 뚫고 나와 읽는 이에게 잔잔한 감동을 주었다. 이 아이가 쓰는 시는 원래의 자신의 모습을 찾아가는 여정과도 같다.

나는 그 여정이 제발 멈추지 않고 계속되어 폭행과 비행이라는 두꺼운 껍데기를 벗고 아이가 자유롭게 날아올랐으면 좋겠다.

우리가 외면하고 싶어 하는 사회의 어두운 그림자에 갇힌 아이들이

어둠

앞이 보이지 않는다.
캄캄해서 내가 어디를 가야 할지
모르고 여기저기 부딪힌다.
눈을 떠도 감아도 여전히 어둠 속에 갇혀 있다.
두렵다. 이 어둠에서 빠져 나올 수 있게
아무나 나에게 빛이라는 밝고 희망찬 단어를
툭 던져 주고 가면 좋을텐데.
그럼 참 좋을텐데.

소중함

공부도 못하고 아무것도 할 수 없는 나에게
희망과 격려를 아낌없이 해주는
사람들이 있다.
넌 할 수 있다고! 넌 태어난 것 그 자체가 기적이고 행복이라고.
그 말 한 마디 한 마디가 내 가슴속을 울리고, 또 울린다.
한때는 마음을 편안하게 해주는 조언이 있지만 나를 아프게 하는 조언이 있다.
그래도 그 말이 소중하게 느껴진다.
넌 좋은 놈이라고, 나도 그 마음 안다고.
소중함이라는 단어도 소중하다.
너도 그 사람도 모두가 소중하다.

있다. 아무도 구원의 손길을 내밀지 않는 가운데 어른들의 치부를 다 감내해야 하는 아이들, 어른들이 만들어 내는 폭력, 알코올 중독, 도박, 가난 등을 방어벽도 없이 겪어야 하는 아이들, 사회의 부조리에 대한 분노의 화풀이 대상이 되는 아이들이 있다. 이 아이들을 우리는 어떻게 해야 하는가?

레미제라블 이야기

빅토르 위고의 ≪레미제라블(*Les Miserables*)≫은 사랑이 한 사람을 변화시킨다는 사실을 잘 보여 주는 이야기다. 조카들의 굶주림을 쳐다보고 있을 수만은 없어 빵을 훔친 장발장은 그 빵 하나를 훔친 죄로 19년이라는 긴 세월을 감옥에서 보냈고, 그의 마음엔 분노와 복수심이 가득했다.

그러한 장발장을 변화시킨 것은 마리엘 주교를 통해 경험한 사랑이었다. 선을 악으로 갚는 장발장에게 죄를 묻지 않고 끝까지 베푼 마리엘 주교의 사랑이 장발장의 내면에 있는 악을 이겼다. 사회에 대해 분노하던 장발장은 그 순간부터 오히려 사회를 치유하고 사랑을 베푸는 어른이 된다.

청소년 자살률 1위, 내 아이는?

대한민국 청소년 중에 위기에 처하지 않은 청소년이 얼마나 될까? OECD 가입국 중 청소년 자살률 1위인 우리나라 청소년들은 지금 당장 눈에 보이는 문제가 있는 아이들뿐만 아니라, 어쩌면 모든 아이들이 위험한 상태에 있다. 모든 아이들이 언제 어떻게 표출될지 모를 잠재적인 문제들을 가지고 있다.

아동 학대, 입시 경쟁, 가족 해체, 청소년 자살률 1위 등 위기의 대한민국은 어른들이 만들었다. 아이들이 만든 결과가 아니다. 어른들이 만든 이 위기의 대한민국에서 해마다 청소년 문제가 늘어난다. 하지만 현재의 문제 해결 방식은 그 문제를 청소년들에게 모두 전가한다. 이러한 방식으로는 청소년 문제와 잠재적인 청소년 문제 모두를 근본적으로 해결할 수 없다. 어른들이 만들어 놓은 위기 사회에 자신의 뜻과 상관없이 내던져진 청소년들은 승자 독식의 무한 입시 경쟁, 심각한 가족 갈등과 해체, 그리고 빈곤 등에 의해 위기 청소년 혹은 비행 청소년이 된다. 이 아이들은 표면적으로는 스스로 잘못을 저질렀지만, 문제의 본질을 파고들면 한편으로는 피해자다.

비행뿐 아니라 자살, 아동 학대 등과 같은 청소년 관련 문제들은 드러나는 양상은 다를지라도 그 근본 원인은 한 가지이며, 아이들의 성향이나 상황에 따라 그 표출되는 형태만 다를 뿐이다.

이러한 위기의 현실에서 내 아이는 위기 청소년이 아니므로 아무 문제가 없다고 자신할 수 있을까? 그리고 내 아이만 문제 없다면 주변의 아이들의 문제는 우리와 아무 상관이 없는 것일까? 내 아이 친구의 문제는 또 어떤가? 대한민국 어른이라면, 청소년 자살률 1위라는 대한민국을 만든 어른이라면 우리의 아이들이 왜 문제 행동을 하는지, 그 구체적인 이유와 뿌리 깊은 원인이 무엇인지 마음을 열고 살펴보아야 한다.

모든 아이들은 연결되어 있다

내 아이가 지금 아무 문제 행동을 보이지 않고 성실하게 생활하고 있다고 해서, 어른들 말씀을 잘 듣고 공부도 열심히 하는 모범생이라고 해서 아무 문제가 없는 것일까?

이 아이들은 정말로 어른들과 솔직하게 공감하며, 존재 자체를 인정받고 존중받으며, 건강하게 자라고 있을까? 그리고 실제로 그렇다면, 아무 문제가 없는 것일까? 문제가 생긴 주변 아이들은 우리 아이와 아무 상관이 없는 것일까? 우리 아이들이 진정 건강하게 자라기 위해서는 친구들의 고통을 외면하지 않을 수 있는 환경을 만들어 주어야 하지 않을까?

그리고 그 아이들이 문제를 드러내지 않는 이유가 정말 문제가 없기 때문인 것인지, 어쩌면 우리 아이들이 어른들과의 관계에서 건널 수 없

© 2013, 몽골 힐링캠프

는 강을 애초에 포기하고, 존재 자체를 인정받고 싶고, 존중받고 싶고, 있는 그대로 받아들여지고 싶은 욕구를 억누르며 살아가고 있는 것은 아닌지 생각해 보아야 한다. 부모 혹은 어른들이 내 마음을 이해하지 못하는 것은 당연하다고 여긴 채, 공감받기를 포기하고 거리를 유지하며 선을 잘 지키고 살아가는 아이들이 생각보다 많다.

내 옆 친구들의 고통을 외면해야 살아남는 현실을, 자신들의 문제를 더 이상 들추지 말고 덮어두어야 하는 현실을 아이들은 어떻게 받아들이고 있을까? 지금 내 아이 친구의 문제는 내 아이의 문제와 연결되어 있다. 더 나아가 오늘의 피해자가 내일의 가해자가 되기도 한다. 모든 아이들은 연결되어 있다. 우리는 관계의 존재인 것이다.

위기의 아이들을 이해하는 것은 우리 아이들 모두를 이해하는 것이다. 그것은 모든 아이들을 이해하는 길이 된다. 위기의 아이들이 지닌 문제를 제대로 들여다볼 때 우리 교육의 현실과 나아갈 방향을 제대로 알 수 있고, 아직 표출되지 않은 다른 많은 아이들의 잠재적인 문제를 발견할 수 있다. 나는 위기의 아이들과 긴밀하게 관계를 맺으면서 우리 아들들과의 관계에서 간과했던 문제들을 발견하고 해결하기도 했다. 또 아버지의 일 때문에 처음에는 어쩔 수 없이 위기의 아이들과 성장 과정을 함께해야 했던 나의 아들은, 그들을 이해하게 되면서 지금은 적극적으로 '세품아'의 일에 동참하고 있다.

2

위기의 아이들

우울한 이야기, 그러나 외면할 수 없는 현실

2015년 교육부 자료에 따르면, 2010-2014년 최근 5년간 초 · 중 · 고 재학 중 학교를 그만두는 청소년이 전체 학생의 1퍼센트로, 평균 매일 170명, 매년 6-7만 명가량의 청소년이 학교를 떠나고 있으며, 그 누적 규모가 36만 명에 달한다고 한다. 하지만 더 큰 문제는 학교를 떠난 이 아이들이 어디서 무엇을 하고 있는지 정확히 파악하지 못하고 있다는 점이다. 이것은 학교 밖 청소년에 대한 사회적 관심이나 정책적 지원이 그만큼 부족하다는 사실을 반증한다.

학교 밖으로 나온 이 아이들은 도대체 어디서 무엇을 하고 있을까?

학업을 중단한 아이들은 주로 대안 교육, 취업 혹은 검정고시를 통한 상급 학교 진학 등을 계획한다. 그러나 문제는 애초에 마음먹은 대로 아이들이 자신의 계획을 잘 실천하고 있는가이다.

여성가족부에 의하면(《학교 밖 청소년 실태조사 결과》, 2013.5.), 학업 중단 청소년의 계획 성취 정도는 대안 교육 시설에 다니는 청소년의 경우, 계획을 성취했다고 답한 청소년이 62.9퍼센트였고, 나머지 37.1퍼센트는 계획이 없었거나(25.1퍼센트) 성취하지 못했다(9퍼센트)고 답했다. 또한 청소년 상담복지센터, 청소년 쉼터 등에서 교육받는 청소년 중 학업 중단 시 계획을 성취했다고 답한 청소년은 전체의 42.9퍼센트로 절반에도 미치지 못했다. 게다가 이 조사 결과는 그나마 대안 교육 시설이나 여타 공적인 시설과 접하고 있는 아이들의 경우다.

그렇다면 이 조사에서 누락된, 아직 파악되지 못한 수많은 아이들은 어디서 어떻게 살고 있을까? 물론 소수이기는 하나 분명한 뜻을 가지고 학교를 자퇴한 아이들이 있다. 명확한 계획을 가지고 자신의 꿈을 향해 좀 더 구체적인 발걸음을 옮기기 위해 학교를 떠나는 아이들에게는 오히려 박수와 격려를 보내야 한다. 그러나 대부분의 경우는 학교에 적응하지 못한 채 도망치거나 쫓기듯 학교를 떠난다. 아직 우리 사회는 학교라는 울타리를 넘어선 그들을 안전하게 돌보고 교육할 수 있는 시스템을 만들지 못했다. 더욱이 이렇게 학교 밖으로 나온 아이들을 향한 세상의 시선 또한 곱지 못하다. 그들은 어디로 갔을까?

경기연구원에서 2011년 기준 범죄 백서(대검찰청) 및 교육 통계(교육부)를 재분석한 결과에 의하면 학업 중단 청소년의 범죄율은 23.8퍼센트로 재학생(0.7퍼센트)의 34배에 달한다. 특히 중학교 학업 중단 청소년 범죄율은 재학생 0.95퍼센트의 37배 이상인 35.9퍼센트이고, 고등학교 학업 중단 청소년 범죄율은 재학생 1.7퍼센트보다 약 18배나 높다. 학교 울타리를 벗어난 청소년들 중 상당수가 어디서 무엇을 해야 할지 모른 채 거리를 배회하다 비행의 길로 접어든다. 우울하고 무거운 이야기이지만, 이것이 피할 수 없는 우리 현실이다.

그나마 다행인 것은 이와 같은 현실에 대해 고민하는 사회적 움직임이 생겨나고, 그 결과 2013년부터 학업 중단 숙려 제도가 전면 시행되는가 하면, 현재 전국적으로 196개의 학교 밖 청소년지원센터(꿈드림)가 운영되고 있다는 점이다. 또한 2015년 5월 12일에는 지역과 민간 연계 협업으로 학교 밖 사각지대를 해소하려는 '학교 밖 청소년 지원 대책'에 관한 정부 발표가 있었고, 이를 통해 정부는 학업 중단 사전 예방, 학교 밖 청소년 발굴 강화, 유형별 맞춤형 진로 지도, 촘촘한 의료 · 보호 · 복지 지원, 지역 사회 협업 체계 구축 등 5개 분야 18개 과제로 구성된 종합 대책을 제시했다.

하지만 내 이야기의 초점은 '사람'에 있다. 정책은 다양한 통계를 기반으로 한다. 그러나 현실은 통계 속에서 숫자로 표현된 수많은 아이들, 그 하나하나의 인격과 인생의 문제다. 미래의 희망인 청소년들이 학교라는 공간을 힘들어하고 결국은 학교를 떠나려 하는 현실 앞에서 우리가 무엇을 할 수 있는가의 문제다.

현장은 위기 속에 있는 한 아이, 한 아이와 만나는 시간이다. 이들에게 어떻게 다가가 손을 붙들 수 있고, 어떻게 다시금 학업을 지속하도록 도울 수 있는지에 대한 문제다. 그리고 이것은 그 어떤 통계 수치보다 구체적이고 현실적이다.

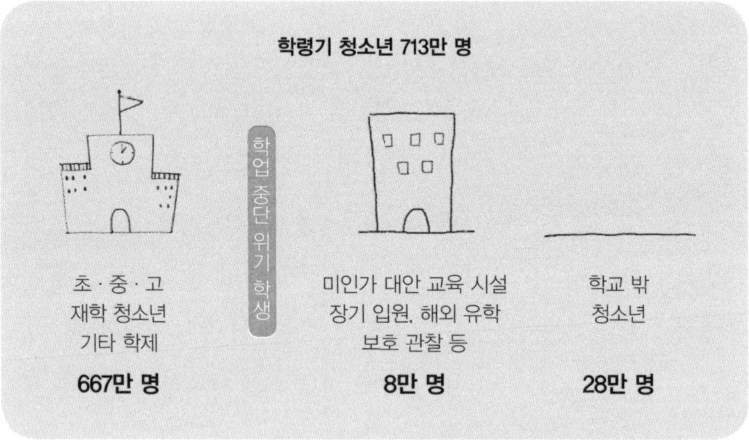

〈학교 밖 청소년 지원 대책〉 관계 부처 합동 발표, 2015. 5.

우리는 위기의 아이들을 어떻게 바라보는가?

여성가족부의 〈학교 밖 청소년 실태조사(2015.10.16.)〉에 의하면 "학교와 선생님이 싫고, 가야 할 필요성을 못 느껴서" 학교를 그만두게 되었다는 답변이 54퍼센트를 차지한다. 그렇다면 우리는 이 아이를 어떻게 바라보고 있는가? 학교와 선생님이 싫다는 아이들은 분명 일선 교사들에게 부담스럽고 힘겨운 존재다. 부담을 넘어, 어쩌면 고통을 주는 아이일 수 있다. '이 아이만 없다면 우리 반이, 우리 학교가 조용할 텐데'라는 생각이 들게 하는 아이일 수 있다.

그렇다면 아이들이 학교와 어른들을 부정적으로 바라보는 것은 아이들을 바라보는 어른들의 시각에 대한 반응은 아닐까? 관계는 결코 일방적이지 않다. 어떤 계기에 의해서든 우리가 아이들을 부정적으로 바라보고 반응하는 순간, 아이들의 반응도 부정적으로 고착되기 시작한다. 우리의 반응과 시각이 달라진다면 아이의 반응과 생각도 달라질 수 있다. 아이를 향한 시각에 따라 그 아이의 인생이 달라지는 것이다.

나쁜 아이들이 아니라 아픈 아이들이다

이 아이를 나쁜 아이로 바라본다면, 버릇을 고치려 하거나 다른 아이들에게 악영향을 끼치지 않도록 격리 혹은 추방 조치를 취할 것이다. 하지만 만약 이 아이를 아프고 상처받은 아이라고 생각한다면, 치료하고 회복시키는 데 주안점을 둘 것이다. 아픔과 상처 속에서 몸부림치는 표현이 비행으로 나타나고 있음을 이해하며 아이를 보듬어 안을 것이다.

위기 청소년들의 대부분이 많은 상처와 아픔을 가지고 있다. 학교 폭력의 가해자인 아이들 대부분이 가정 폭력 피해자들이다. 1차적으로 안전하고 든든한 지지자가 되어 주어야 할 가정에서 관계가 단절되고 오히려 감당하기 어려운 아픔과 상처를 경험한다. 또 많은 위기 청소년들이 친구들 사이에서조차 왕따를 경험한 상처가 있다. 이들은 왕따의 두려움과 고통을 알기에 상급 학교 진학시 혹은 전학시 자신을 지켜 줄 집단에 소속되기 위해 몸부림친다. 그리고 자신을 지켜 줄 수 있는 집단으로 비행 청소년 집단을 선택한다. 그리고 가해자로서의 삶을 살아긴다. 자신의 의지로 선택할 수 없는 절박한 상황 속에서 상처받고 거리로 나온 아이들은 곧 범죄의 길로 들어선다.

이런 과정을 자세히 들여다본다면 아이들을 바라보는 시각이 달라질 것이다. 위기 청소년들은 '나쁜 아이들'로서 사회 악이기에 격리해야 할 존재가 아니다. 이들은 '아픈 아이들'이며 지속적인 돌봄과 치료가 필요하다.

가출이 아니라 탈출한 것이다

세상에서 가장 안전한 보금자리는 가정이어야 한다. 부모의 무한한 사랑을 받으며 정서적인 안정을 느끼면서 쉴 수 있는 곳, 인성의 대부분이 형성되는 곳, 그곳이 바로 가정이다. 그런데 현실의 가정은 어떠한가? 아이들에게 가장 안전한 곳인가? 아이들에게 쉼과 평안을 주는 곳인가? 지지와 격려가 있는 곳인가? 아이의 미래를 위한 지원이 있는 곳인가? 아이들에게 상처와 아픔을 주고, 가장 답답하고 고통스럽고 재미없는 곳으로 여겨지진 않는가? 학교는 어떠한가? 아이들의 가치를 발견하고 키워 갈 수 있는 곳인가? 아이들의 꿈과 희망이 자라나는 터전이 되고 있는가?

위기 청소년들의 일탈의 시작은 주로 가출이다. 이들이 가출하는 이유는 치기나 반항심이 아니다. 부모의 폭력, 가족 불화, 양육 능력 부재 등 가정의 붕괴 때문에 말 그대로 '탈출'한 경우가 대부분이다. 아이들은 집보다 거리가 더 따뜻하고 편안하다고 말한다. 학교에서는 폭력과 소외가 만연하다. 이런 아이들에게 가정과 학교는 가장 고통스럽고 위험한 곳이 될 수 있다.

쓰레기가 아니라 자원이다

위기 청소년이라 하더라도 각자 고유한 재능과 가치들을 가지고 있다. 단지 그 아이들은 그것을 발휘할 기회를 놓치거나 얻지 못했을 뿐이다.

또 위기 청소년 대부분이 가정 붕괴와 사회적 낙인으로 인해 일반적인 사회로 복귀하기가 어렵다. 꾸준히 학업 과정을 밟아 온 또래 아이들보다 학력도 떨어진다는 사실을 자신들도 알기에 학업을 포기하는 경우도 많다. 이들에게는 무언가를 배우고 능력을 기르면 그것만으로 인정받을 수 있다는 기대도 없다. 그러나 당장의 제도권 교육이 요구하는 학습 능력은 부족할 수 있어도, 원래부터 재능 자체가 부족한 것은 아니다. 시간이 좀 걸리더라도 이 아이들이 무가치한 존재로 낙인찍힌 삶을 사는 것이 아니라 자원으로서 이 사회에 기여할 수 있도록 도와야 한다.

변하지 않는다 VS. **이 또한 지나가리라**

비행이 습관화된 아이들을 볼 때면 이 아이는 결코 변하지 않을 것이라는 생각이 든다. 인간이 아닐지도 모른다는 생각마저 들게 하는 아이도 실제로 존재한다. 그런 아이를 바라보며 어떤 생각을 하는가? 결코 변하지 않을 것이라고 생각하는가? 아니면 힘겨운 시기를 지나고, 혼돈과 방황을 잘 이겨 내면 멋진 어른으로 변할 수 있다고 생각하는가?

위기의 아이들을 바라보는 시각이 변해야 아이들에게 접근하는 것이 가능하다. 피해 의식이 강한 위기의 아이들은 자신을 바라보는 어른들의 시각에 굉장히 민감하다. 부정적인 시각을 가진 어른에게 아이들은 결코 마음을 열지 않는다. 당연히 그 어른이 행하고자 하는 어떤 시도도 열매 맺지 못한다. 당신은 이 아이들을 어떤 눈으로 바라보는가? 아이들은 우리가 그들을 바라보는 대로 행동할 것이다.

위기의 아이들을 '더 따뜻한 손길이 필요한 아이들' 혹은 '더 많이 믿고 기다려 줘야 하는 아이들'로 생각할 수는 없을까.

위기의 아이들에게 한걸음 다가서기

"너 많이 힘들었구나."

앞에서 잠깐 언급했지만, 좋은 직업을 가진 부모에게서 태어나, 큰 부자는 아니었지만 남부럽지 않은 삶을 산 아이가 있다. 초등학교 시절, 그 아이는 왕따 문제로 고통을 받았다. 부모는 이 고통에서 아이를 자유롭게 하기 위해 미국 뉴욕으로 이사했고, 그곳에서 아이를 좋은 학교에 보냈다. 하지만 중학생이 되어 한국으로 돌아온 아이는 다시 학교에 적응하지 못했고, 부모에게도 반항하기 시작했다. 아이는 가출을 했고 비행을 저지르며 1년 가까운 시간을 거리에서 보냈다. 부모는 도대체 이 아이가 왜 이러는지 알 수 없다고 했다. 부족함 없이 뒷바라지를 해주었고, 다른 집처럼 가정 불화가 있는 것도 아니었다. 그런데 이 아이는 집을 감옥처럼 여기며 데리고 오면 다시 도망치고, 데리고 오면 다시 도망치기를 반복했다. 부모는 아이를 이해할 수 없었다. 용돈을 부족하게 준 것도 아니고 공부하라고 심하게 들볶는 편도 아닌데 왜 집을 나가 노숙을 하고 쉼터를 전전하는지 모르겠다며 눈물을 흘렸다. 그러나 아이의 생각은 달랐다. 부모님은 전혀 자기를 사랑하지 않는다고 말했다.

어른들의 시각에서 이 아이는 배부른 아이다. 열악한 가정 환경에서 방임과 학대로 인해 비행으로 빠진 아이들과 비교하면 참 나쁜 아이다. 그러나 과연 그럴까? 이 아이는 어른들이 자신의 고통을 고통으로 여기지 않는다고 확신한다. 많은 어른들과 이야기를 해봤지만 단 한 명의 어른도 자신의 고통에 귀 기울여 주지 않았고 좋은 환경에서 많은 것을 해주시는 부모님께 감사하지 않는 태도를 책망하기만 했기 때문이다. 그 아이가 만난 모든 어른들이 처음에는 자신의 이야기를 들어주는 듯 하다가 결국에는 "잘못을 인정하고 새롭게 시작해라. 다른 아이들에 비해 너는 너무 행복한 거다."라고 말했단다. 그래서 아이는 어떤 어른과도 이야기하고 싶지 않다고 했다.

아이는 자신의 아픔을 진심으로 공감해 줄 사람을 오랫동안 간절히 기다렸다. 그러나 아쉽게도 어른 중에는 그런 사람이 없었다. 예술적인 재능이 뛰어나고 자유분방한 이 아이의 부모는 직업이 엔지니어였고, 매우 합리적인 사람들이었다. 부모는 아이가 장난감을 선택하면 그것이 좋지 않은 이유를 설명하고 자신들의 시각에서 좋아 보이는 것을 사주었다. 옷을 살 때도 역시 부모 취향대로였다. 아이는 어느 순간부터 부모에게 자신의 의견을 말하지 않았다. 어차피 말해도 받아들여지지 않을 테니까. 아이는 자신의 선택이 받아들여지지 않는 것을, 곧 자신의 존재를 받아들이지 않는 것으로 여겼다. 부모와의 불화가 커지고 아이는 결국 부모가 있는 집을 떠나 거리로 나왔다. 자신의 존재를 인정해 주는 사람들이 있는 거리로.

너 많이 힘들었구나

이 아이의 마음문을 연 한 마디, 그것은 "너 많이 힘들었구나."였다. 지나온 시간, 자신이 겪어온 삶의 고통을 넋두리처럼 오랜 시간 떠들었는데, 아무 말 없이 그 이야기를 들어준 어른의 입에서 나온 첫마디가 "너 많이 힘들었구나."였다. 이 말이 아이에게는 충격이었고 희망이 되었다. 자신의 아픔을 알아 준 유일한 어른이 아이의 새로운 출발점이 되었다.

나의 아픔을 진정으로 알아 주는 사람이 있을 때, 아니 진정으로 알지는 못한다 해도 함께 아파해 주는 사람이 있을 때, 그것만으로도 아이에게는 큰 힘이 되고 위로가 된다. 어른들은 아이들의 이야기를 들으며 늘 성급하게 문제점을 발견하려고만 한다. 자신의 마음에 들지 않는 아이를 어떻게 하면 변화시킬 수 있을까 고민하며 아이 앞에 선다. 그래서 이 어른들은 아이들의 이야기를 진지하게 들어주지 않는다. 아이들의 이야기에 귀를 기울이고 아이들의 아픔에 공감할 수 없다면 결코 그 아이들에게 다가설 수 없다. 아이에게 다가서지도 못하는데 그 아이를 위해서 무엇을 할 수 있단 말인가.

자신의 아픔을 이해하고 진정으로 공감하는 어른을 만난다는 것은 아이들에게 기적과도 같은 일이다. 공감, 그것은 아이들에게 다가가는 유일한 방법이다.

가만히 앉아 아이들의 이야기에 귀를 기울여 보세요

위기의 아이들을 만날 때 어른들은 늘 그 문제를 해결하기 위해 전투태세를 갖추고 그들 앞에 선다. 먼저, 아이들의 이야기를 들으며 탐색전을 펼친다. 도대체 무엇이 문제인지를 발견하기 위해 이런 저런 질문을 던져 본다. 그리고 자신이 알고 있는 멋진 해답을 가지고 아이를 설득할 기회를 포착하기 위해 애쓴다. 하지만 아이들의 이야기가 길어지면 점점 답답해한다. 그 이야기를 듣는 시간을 힘들어한다. '잘못된 저 생각을 바로 잡아야 하는데.' '이 말은 이래서 아니고, 그 생각은 저래서 아닌데.' 하는 생각들이 마음속을 휘젓기 때문이다.

아이들은 자신의 문제를 해결해 주려고 대화를 시도하는 어른들에게 너무나 지쳐 있다. 아이들을 바로잡으려 하기보다는 그들의 이야기를 들어주는 자세가 필요하다. 아이들은 어른과 이야기하다 이쯤 되면 어른들이 어떤 말을 할지 이미 다 알고 있다. 그런데 그 예상을 빗나가 자신의 이야기를 진지하게 들어준다면 아이의 눈빛이 달라진다. 그렇게 아이들의 이야기를 들어주는 시간이 길어질수록 아이는 어른을 신뢰하게 될 것이다. 그리고 어쩌면 그 어른을 좋아하게 될지도 모른다. 아이들은 좋은 말, 훌륭한 말을 듣는 게 아니라 자신이 좋아하는 사람의 말을 듣는다. '공감과 소통', 그것은 아이들과의 관계의 문을 여는 가장 빠른 열쇠다.

3

어떻게

회복 시킬까

위기의 아이들을 고통스럽게 만드는 세 가지

위기의 아이들이 탄생되는 곳, 그곳은 위기의 가정이다. 깨어진 가정, 역기능 가정 속에서 아이들은 결핍과 상처에 시달리며 성장한다. 그리고 이 결핍과 상처가 사춘기와 만나면 걷잡을 수 없는 폭풍과 회오리로 변하게 된다.

참을 수 없는 존재의 가벼움

온몸에 문신을 한 아이들의 모습을 볼 때면 섬뜩함이 느껴진다. 자신들은 문신이 예술이라며 멋지다고 하지만, 사실은 참을 수 없는 존재의 가벼움을 극복하기 위한 하나의 방법이다. 그들은 문신을 통해 자신을 과시하고 드러냄으로써 안정감을 느낀다. 위기의 아이들 대부분이 극단적으로 강한 자존심을 가지고 있고, 그래서 자신을 약간이라도 무시하는 말을 하거나 그러한 태도를 비추면 거칠게 반항하며 폭력적인 모습을 보인다. 이는 아이들의 지극히 낮은 자존감 때문이다. 자신을 무시하는 듯한 말과 태도에 민감하다는 것은 그만큼 자신의 존재를 인정받고 싶어 한다는 의미다. 자신의 존재를 인정해 줄 누군가의 손길을 간절히 기다리고 있다는 말이다. 그 아이들의 존재를 인정해 준다면, 진심으로 '너는 괜찮은 아이'라고 말해 줄 수 있다면, 그 말 한 마디가 아이의 삶에 적지 않은 파장을 일으킬 것이다.

느껴지지 않는 사랑

위기 아이들의 부모들은 거의 언제나 자신들이 정말 자식을 사랑한다고 말한다. 자신이 가난하고 형편이 안 될지라도 최선을 다해 자녀를 키웠고, 정말로 사랑한다고 말한다. 그러나 문제는 그 자녀가 부모가 자신을 정말 사랑하고 있다고 생각하지 않는다는 것이다. 분류 심사원에 보내지거나 소년원 혹은 시설에 보내졌을 때, 자유를 억압당하는 고통과 외로움에 처할 때에야 그들은 비로소, 부모님이 자신을 사랑한다는 걸 알았다고 한다. 무엇이 문제인가? 왜 아이들은 완전히 폐쇄된, 절망스러운 공간에서야 겨우 부모의 사랑을 발견하는가.

부모님은 분명 사랑을 주었다. 그러나 아이는 부모의 사랑을 받지 못했다고 한다. 부모는 자신이 줄 수 있는 혹은 주고 싶은 사랑을 주었지만, 아이는 정작 자신이 필요로 하는 사랑을 받지 못했기 때문이다. 부모가 자신에게 주는 사랑은 내가 진정 필요로 하는 사랑이 아니라면 속박으로 여겨질 뿐이다. 그러므로 사랑하는 게 중요한 게 아니라, 내가 사랑하는 사람이 사랑받고 있다고 느끼도록 하는 게 중요하다. 느껴지지 않는 사랑은 아무런 의미가 없다. 자식에게 내가 꼭 주고 싶은 사랑이 아닌, 아이가 받고자 하는 사랑, 아이가 원하는 사랑이 무엇인지를 보아야 한다. 부모 세대가 사랑이라고 느끼며 간절히 원했던 것과 지금 세대가 원하는 것 사이에는 엄청난 차이가 있다. 부모는 사랑을 주었는데 아이는 사랑을 받지 못한 채 사랑에 굶주려 살아간다. 위기를 겪는 아이들이 받기를 원하는 사랑은 무엇일까? 그것을 아이에게 줄 수 있다면 아이의 인생이 날라질 수 있지 않을까?

신뢰 받지 못하는 나

반드시 아이들이 발끈하며 화를 내게 만드는 말이 있다. "너는 왜 하는 짓이 '항상' 그러니?" 아이들은 이 말을 들을 때 매우 억울해한다. '항상 그러지 않는데, 나는 지금 안 하려고 노력하고 있는데.' 아이들이 가장 원하는 것 가운데 하나가 믿어 주는 것이다. 그리고 기다려 주는 것이다. 위기에서 벗어나 변화된 아이들의 삶 속에 반드시 있는 게 있다. 위기의 아이를 끝까지 믿어 주고 기다려 준 한 사람. 그 한 사람이 반드시 있다. 어른들은 아이들이 스스로 정신을 차리고 돌아오기를 기대한다. 아이들이 한 번의 반성으로 완전히 새로운 사람이 되기를 바란다. 자신의 말 한 마디로 아이의 인생이 완전히 변화될 수 있으리라는 헛된 망상을 가진다. 하지만 스스로 정신을 차리고 혼자서 제자리로 돌아오는 아이를 보는 것은 너무나 희귀한 일이다. 어느 날 아이들이 눈물을 흘리며 반성한다 해도, 아이들은 또 다시 실패하고 무너질 수 있다. 그렇기에 아이인 것이다. 그래서 어른들의 도움이 필요하다. 위기의 아이들에게 꼭 필요한 것은 자신을 끝까지 믿어 주고 기다려 주고 격려해 주는 한 사람이다. 실패해도 무너져도 "괜찮아, 다시 시작해 보자." " 넌 할 수 있어." "아이들에게 실수와 실패는 특권이야. 다시 해보자." 이렇게 말해 주며 아이의 손을 잡아 줄 사람이 필요하다. 그런 사람이 곁에 있다면 아이는 변할 수 있다.

변하지 않는 아이가 있는가? 그 아이는 변하지 않는 게 아니라 변하는 데 조금 더 시간이 필요할 뿐이다. 조금 더 믿어 주고 기다려 줄 필요가 있는 아이다.

위기의 아이들을 붙들어 주는 삼겹줄

문제가 생겨 학업 중단의 길을 걸으려는 아이는 이미 학교 생활에서 실패를 경험한 아이다. 교우 관계 혹은 선생님과의 관계, 학업 등에서 이미 쓰디쓴 절망감을 맛본 아이들이다. 그래서 아이들은 학교를 떠나려는 것이다. 어떻게 하면 그 아이들을 붙잡을 수 있을까? 어떻게 하면 그 아이들이 다시금 돌아오도록 할 수 있을까?
위기의 아이들을 붙들어 주는 중요한 세 가지의 요소가 있다.

이러한 고민에 앞서, 학교에서 아이들에게 필요한 것을 다 지원해 주지 못해 새로운 교육 환경을 찾아 떠나는 아이들은 예외로 보아야 한다. 어떤 아이들의 꿈과 비전을 이루어 가는 데는 학교 교육이 오히려 장애가 될 수 있나는 사실 또한 인정해야 한다. 우리의 교육 제도가 모든 아이들의 다양한 꿈과 재능을 품어 주고 키워 주지 못하고 있는 현실을 인정해야 한다.

중학교 때 학교를 떠났다 다시 돌아와 한 해 늦게 중학교를 졸업한 아이가 있다. 아이는 수많은 비행으로 인해 학교의 징계는 물론 법원의 보호 처분도 받은 본드 중독자였다. 아이는 음악을 하며 회복되었고 자신의 꿈을 키워 나갔다. 하지만 우리나라 입시 환경은 그 아이가 음악에만 전념하는 것을 허락하지 않았다. 공연 활동과 연습을 하는 데 학교는 오히려 장애가 되었다. 결국 고등학교 2학년 때 자퇴를 하고 검정 고시를 봐서 원하는 대학에 합격했다. 현재는 실용 음악과에 입학해 왕성하게 활동하고 있다.

가족같이 나와 함께해 줄 한 사람

위기의 아이들의 마음을 돌려 다시금 학업으로 복귀하게 하는 것은 결코 쉬운 일이 아니다. 학업으로 복귀했다 할지라도 끝까지 잘 해낼 수 있도록 하는 게 더욱 힘들다. 여기서 가장 중요한 것은 위기의 아이와 인격적인 신뢰의 관계를 맺은 사람이 아이 곁에 있느냐 없느냐이다. 아이들은 쉽게 포기한다. 한 예로, 학업에 복귀하려고 힘들게 마음먹은 아이가 그 전날 늦게까지 게임을 하다 늦잠을 자버린다. 그리고 그 다음 날도 그렇다. 이런 상황이 지속되면 아이는 결국 학교에서 유예된다. 어느 학교에서나 어렵지 않게 찾아 볼 수 있는 아이들의 모습이다. 이외에도 어른들의 시각에선 말도 안 되는 여러 이유들로 아이들은 쉽게 포기해 버린다. 바로 그때 아이의 곁에 누가 있느냐에 따라 그 아이의 인생이 달라질 수 있다. 말도 안 되는 아이의 아픔과 힘겨움을 공감해 주고 이해해 줄 수 있는 사람, 인내를 가지고 아이의 이야기를 들어줄 수 있는 사람, 아이를 믿고 기다려 줄 수 있는 사람. 그 사람이 있다면 아이는 다시 돌아올 수 있다. 좋은 프로그램이 아이들의 삶을 변화시키지 않는다. 그 프로그램을 진행하는 좋은 사람이 아이들의 삶을 변화시킨다. 아무리 좋은 프로그램일지라도 완주하지 못하면 무의미하다. 그러므로 좋은 프로그램을 완주할 수 있도록 붙들어 주고 격려해줄 그 누군가가 없다면 좋은 프로그램과 시스템은 무의미해질 수밖에 없다.

아이들을 버티게 하는 힘, 재미

재미는 아이들에게 빼놓을 수 없는 중요한 요소다. 옆에서 붙들어 줄 한 사람이 있다고 할지라도, 재미가 없다면 아이들은 오래 견디지 못한다. 학업 중단 숙려 제도 및 학업 복귀를 위한 다양한 프로그램 속에도 아이들에게 깨알 같은 재미를 안겨 주는 요소들이 있어야 한다. 아이들에게는 재미없는 것을 오래 견딜만한 인내심이 없다. 아이들에게 즐거움이란 필수 요소다.

그렇다면 아이들은 무엇에 재미를 느끼는가? 어른들이 재미있을 거라고 짐작하는 게 아니라, 아이들이 진정으로 재미있게 느끼는 것을 찾아 주어야 한다. 이를 위해 아이들의 세계로 과감하게 들어갈 수 있어야 한다. 아이들의 문화 속으로 들어가 무엇이 아이들을 즐겁게 만드는지를 파악해야 한다. 재미의 요소는 아이들을 버티게 하는 중요한 힘이다. 또한 아이들이 스스로 움직이게 하는 원동력이다.

미래에 대한 비전

학교 밖으로 나온 아이들은 처음에는 자유로워하지만 시간이 지날수록 점점 불안감을 느낀다. 그 불안감은 미래에 대한 것이다. 나름의 생각과 계획을 가지고 학교 밖으로 나왔지만 아이들은 스스로 그 계획을 실천해 갈 만큼 의지가 강하지 못하다. 계획이 조금씩 무너질 때마다 아이들은 두려워진다. 자신이 그리던 나름의 미래가, 그것을 위한 계획이 하나둘 무너질 때마다 조금씩 희망이 사라진다. 하지만 그런 시간이 반복되다 보면 어느덧 미래에 대한 두려움도, 고민도 다 사라져 버린다. 학교 밖에 펼쳐진 현란한 세상의 재미에 빠져, 생각하는 법을 잃은 채 살아간다.

이때 아이들에게 필요한 것이 바로 '비전'이다. 비전은 사람을 움직이게 하는 강력한 힘이다. 명확한 비전을 볼 수 있다면, 자신의 꿈이 이루어질 수 있다고 믿는다면 아이들의 삶은 전혀 다른 모습으로 변화할 수 있다. 삶에 대한 통제력도 생긴다. 아이들이 자신의 미래를 꿈꿀 수 있고 그 꿈이 현실이 될 수 있다는 확신을 갖게 된다면 아이는 더 이상 위기의 아이가 아니다. 스스로 인생을 개척해 나가는 아이다.

끝까지 함께할 한 사람

위기의 아이가 학업을 복귀하는 과정에서 가장 중요한 것은 아이가 인격적으로 신뢰할 수 있는 사람의 적극적인 개입과 도움이다. 다양한 프로그램도 물론 중요하다. 그러나 다시금 분명히 기억해야 할 것은 프로그램이 사람을 변화시키는 게 아니라 프로그램을 진행하는 좋은 사람이, 프로그램을 완주할 수 있도록 아이의 손을 붙들고 함께 걷는 사람의 관심과 사랑이 아이를 변화시킨다는 사실이다.

아이에게는 아이가 인격적으로 신뢰하는 사람의 도움이 반드시 필요하다. 아이의 아픔을 있는 그대로 공감해 주고, 아이의 이야기를 언제라도 들어주고, 아이를 믿고 기다려 줄 수 있는 누군가의 도움이 필요하다. 그러므로 우리가 아이들의 학업 복귀를 돕고자 한다면 먼저 그런 사람이 되어야 한다. 그런 사람이 아이와 함께 복귀와 적응의 모든 과정에서 지지해 주고, 격려해 주며, 재미를 느낄 수 있도록 도와야 한다. 그렇게 한다면 아이는 반드시 제자리로 돌아갈 수 있다. 또한 그 길에서 실현 가능한 자신의 꿈과 비전을 발견한다면 아이는 더더욱 굳건하게 서게 될 것이다.

학업 중단은 청소년의 사회적 자립과 성장을 저해하고 국가적으로는 인적 자원의 손실, 범죄율 증가 등 여러 사회적 비용을 발생시키는 중대한 문제다. 어찌 보면 학교 밖 청소년들에게 더 많은 지원이 필요함에도 불구하고, 학교 안의 청소년들에 비해 턱없이 낮은 수준의 지원만을 받고 있는 상황이다. 낮은 출산율과 고령화 사회로의 진입, 일할 수 있는 인구의 부재가 또 다른 사회적 문제로 심각하게 대두되는 요즘, 학교 밖의 청소년을 무관심 속에 내버려 두는 것은 국가의 크나 큰 손실이다.

청소년들은 이 땅의 미래다. 모든 청소년들은 제대로 보호받고 교육받아 이 사회를 이끌어 갈 건강한 어른으로 자랄 수 있는 기회를 가져야 하며, 그들에게는 그럴 만한 권리가 있다. 따라서 학교에 적응하지 못한 채 학교를 떠나려는 아이들을 향한 적극적인 관심이 필요하다. 이 아이가 왜 학교에 적응하지 못하는지, 이 아이에게 도대체 무슨 문제가 있는지 하나하나 세심하게 살펴야 한다. 이 아이들의 인생을 단순히 통계 수치로만 전락시켜선 안 된다. 이 아이들 모두, 무궁무진한 가치를 지닌 자원임을 잊지 말아야 한다.

사람들은 시스템이 도입되면 문제가 해결될 것이라고 생각한다. 물론 시스템은 중요하다. 같은 문제가 반복된다면 시스템이 문제일 수 있고, 그 시스템을 바꿔야 한다. 그러나 시스템보다 중요한 것이 사람이다. 사람 없이 작동하는 시스템은 없고, 그 사람에 따라 시스템의 성공 여부 또한 달라진다. 학교 밖 청소년들을 위한 다양한 대책들이 마련되고 촘촘한 시스템들이 점점 구축되고 있다. 그러나 다시 한 번 강조하지만, 중요한 건 그 시스템 안에서 아이를 만나는 한 사람, 한 사람이다. 아이들의 아픔을 공감하고 그들의 이야기에 귀를 기울여 주며, 그들을 끝까지 믿고 함께 갈 한 사람, 결국 그 한 사람이 학교 밖 청소년의 삶을 건강하게 회복시킬 것이다.

© 2012, 몽골 힐링캠프

세상을 품은 아이들

" '세픔아'는 한 사람의 전인격적인 변화가
이후 백명을 변화시키는 영향력을 갖는다고 믿는다."

1

세상을 품은

아이들의 시작

무엇을 할 수 있을까

그렇다면 방황하는 이 아이들을 위해 우리는 지금 구체적으로 무엇을 할 수 있고, 무엇을 해야만 할까? 모든 아이들을 안정적으로 수용하지 못하는 위기의 우리 사회를 지금 바로 잡을 수 없다면, 당장 도움의 손길이 필요한 위기의 아이들을 위해, 이 아이들의 회복을 위해 우리 어른들은 무엇을 해야 할까?

특별한 아이들과 특별한 이야기를 만들어 가고 있는 우리 '세품아'의 이야기가 하나의 대안이 될 수 있을까?

'세품아'에 아이들이 몰려들게 된 것은 자연스러운 과정이었다. 가출한 아이를 길거리에서 재울 수 없어 함께 자기 시작했다. 그리고 그 아이의 친구들이 한 명 두 명 '세품아'에 찾아오기 시작했다. 아이들이 조금씩 늘어나면서 아이들과 먹고 자는 것만 할 수는 없다는 생각에 공부를 가르치기 시작했다. 공부를 싫어하는 아이들이었기에 어떻게든 아이들의 눈높이에서 가르쳐 보려고 애썼다. 쉬운 일은 아니었지만 아내와 함

'세품아'는 경인 고속도로가 지나는 부천의 후미진 마을 작은 건물 3층에 자리 잡고 있다. 부천 · 인천 지역 위기 청소년들에게 강력한 가족 공동체를 바탕으로 창의적인 문화 예술 교육에 기반한 통합적인 치유 해결책을 제공하는 비영리 단체다. 몇몇의 위기 청소년들과 함께하기 시작해 2008년 위기 청소년을 위한 공동체로 자리 잡았고, 위기 청소년들과 치유 여행 프로그램인 '비전 투어' '힐링 캠프'를 함께해 왔다. 2009년에는 사회적으로 심각한 문제였던 청소년들의 본드 중독 문제를 해결하기 위해 법원, 전문 상담가 등과 협력 관계를 시작하였고, '중독은 중독으로 치료한다.'라는 전략 아래, 2010년 본드 중독 청소년들에게 음악 교육을 시작하며 MG 밴드를 결성했고, 2012년에는 단독 공연 'Reborn'을 성공적으로 개최하기도 했다. MG 밴드는 그 후로도 청소년 대상으로 공연과 강연 등 꾸준한 활동을 하고 있다.
2014년 사단법인 인가를 취득한 '세품아'는 같은 해 부천시 청소년 법률지원센터 위탁 기관으로 선정되었다. 이후로도 아이들과의 여정은 계속되었고, 이곳 아이들의 변화와 희망의 이야기들이 전해지면서 같은 해 10월 명성진 대표가 '아쇼카 펠로우'에 선정되었다.

께 열심히 아이들을 돌보며 가르쳤다. 이런 이야기들이 주변에 조금씩 알려지기 시작하자 자신의 영향력에서 벗어난 아이를 데리고 와 돌봐 달라고 부탁하는 부모들이 생겨났다. 아이들은 점점 늘어나기 시작했다.

아이들은 자기들과 늘 함께 놀던 친구들이 밤늦게까지 '세품아'라는 곳에 틀어박혀 음악 연습도 하고 공부도 한다고 하니 어찌된 일인가 궁금해하며 기웃기웃했다. 그러면 처음에는 같이 밥을 먹고, 탁구도 치고, 그저 자연스럽게 어울린다. 별 것 아니지만 함께 즐거운 시간을 보내며 조금씩 이야기하고 친구가 되고, 그렇게 새로운 관계를 맺는다. 부모님과 문제가 생겨 집을 나오면 다른 위험한 곳으로 가지 않고 자연스럽게 이곳에서 친구들과 선생님들과 함께 자고 가기도 하고, 그러다가 안타깝지만 무슨 일이 생겨서 경찰서나 법원에 갈 일이 생기면 함께 가주다 보니 관계가 한 단계 한 단계 나아갔다. 그러다 보면 아이들이 문제가 생겼을 때 스스로 "목사님, 어떻게 해야 해요?" 하면서 달려오기도 했다. 점점 더 동네 말썽꾸러기들이 몰려들었다.

'세품아'는 무엇보다도 가장 먼저 아이들에게 가정에서 줄 수 있는 안정감을 주려고 한다. 아이들이 가진 불안정한 '관계' 문제를 먼저 해결해 주려는 것이다. 처음 이곳에 오면, 아이들은 누가 시키는 것도 아닌데 내 아내가 요리하는 걸 옆에서 지켜보곤 한다. 자기를 위해 맛있는 음식을 정성껏 만들어 주는 아내의 모습에서 위안과 안정감을 느끼는 것 같다. 이런 평범한 모습조차도 이 아이들에게는 낯설은 모습이라는 사실이 안타깝다. 아이들에게는 따뜻한 보금자리, 자기를 있는 그대로 받아 주고, 끝까지 믿어 주고, 안전하게 거하게 하는 가정에 대한 결핍이 있다. 우리는 그런 아이들에게 함께 먹고 함께 자며 함께 놀며 가족이 되어 주려 하였다.

아이들이 '세품아' 생활에 어느 정도 적응이 되었다 싶으면, 다함께 여행을 떠난다. 그리 녹록지 않은 여행이다. 처음에 아이들은 힘들어한다. 하지만 같이 고생하면서 아이들 간에 생긴 문제를 아이들 스스로 해결하기도 하면서 공동체 의식이 생긴다. 그리고 여러 가지로 자기를 낙인찍고 자신을 억압하던 환경에서 벗어나면서, 진짜 자신의 모습을 발견하는 계기도 된다. 여행을 떠나는 것은 아이들이 스스로 방황을 정리하고 자신의 길을 찾고 마음을 다잡는 데 큰 도움이 된다.

아이들과 함께 떠나는 모든 여행이 만만치 않다. 처음 아이들과 여행을 떠날 때는 아이들을 위한 프로그램을 빼곡히 짰다. 그러나 그 프로그램이 별 의미가 없다는 사실을 알게 되었다. 여행 중에 생기는 아이들 간의 갈등과 문제 앞에서 프로그램은 무의미했다. '세품아'의 여행 프로그램은 아주 단순하다. 잘 먹고, 잘 놀고, 자신의 삶을 돌아보는 것 이 세 가지 외에는 없다. 여행지에 따라 무얼 먹고 어떻게 놀지는 달라

© 2013, 몽골 힐링캠프

진다. 하지만 자신의 삶을 돌아보는 나눔의 시간은 모든 여행에서 항상 갖는다. 그리고 짜지 않고도 항상 자연스럽게 진행되는 프로그램이 있다. 갈등을 해결하는 것이다. 아이들끼리의 갈등, 선생님들과의 갈등, 상상초월하고 심각하게 위험한 갈등 상황들이 펼쳐진다. 이것을 해결해 나가는 과정에 '세품아' 여행의 핵심이 있다. 갈등 해결을 통해 아이들은 다른 사람을 이해하고 공감해 나가는 과정을 배운다. 다른 사람의 아픔과 감정들을 이해하는 법을 배운다. 그러면서 아이들은 자신을 발견한다. 그리고 새로운 삶에 대한 작은 소망의 씨앗들이 아이들에게 뿌려진다.

이처럼 '세품아'에는 특별히 정해진 프로그램이 없다. 아이들과 오래 함께 지내면서 그때그때 바로 그 아이가 무엇을 필요로 하는지를 발견하고, 그것을 제공할 뿐이다. 현재는 검정고시를 준비하는 아이들도 있고, 요리 학원에 다니는 아이도 있고, MG밴드처럼 문화 예술 분야에서 강점을 지닌 아이들도 많다.

아이들의 회복을 위한 공동체

그렇다면 '세품아'가 추구하는 공동체는 궁극적으로 어떤 모습일까? 승자 독식 경쟁 위주의 현대 사회에서, 가정과 학교가 많은 아이들을 온전히 품어 주지 못하는 우리 사회의 현실에서, 위기에 내몰린 아이들을 살리는 가치와 원리를 적용한 공동체는 어떤 모습이어야 할까? '세품아'가 추구하는 '아이들의 회복을 위한 공동체'는 청소년들과 관계 맺는 개개의 어른들과 청소년 자녀를 둔 가정, 청소년 아이들을 가르치는 학교나 마을 공동체 모두에 꼭 필요한 가치를 담아야 할 것이다. 그 고민이 '세품아'의 방향이 되었다.

'세품아'는 무한히 책임지고 사랑하는 가족 공동체다. '세품아'는 가족 같은 공동체를 꿈꾸지 않는다. 세품아는 가족이다. 이것이 '세품아'가 지향하는 중요한 원칙이다. 아이들은 자신의 삶 속에서 크고 작게 버림받는 경험을 했다. 부모에게, 친구들에게, 선생님들에게, 이 사회로부터. 아이들은 끝까지 포기하지 않고, 끝까지 자신을 믿어 주고, 함께해 줄 사람을 간절히 원한다. 하지만 아이들은 그런 사람을 삶 속에서 만나지 못했다. 끝까지 포기하지 않고, 끝까지 자신을 믿어 주고, 끝까지 함께해 주는 그 사람이 아이들에게는 진짜 가족이다. '세품아'는 아이들에게 이런 가족이 되어 주려 한다.

" '세품아'는 가족이다."라는 선언은 결코 쉽지 않다. 지금 '세품아'의 모습이 온전한 가족의 모습인가 물으면 그렇지 않다고 대답할 수밖에 없다. 그러나 중요한 것은 우리의 지향점이 '가족처럼'이 아닌 '가족'이라는 것이다. 가족이 되기 위해서는 시간이 필요하다. 아이들이 '이 사람들은 끝까지 나를 포기하지 않고, 나를 믿어 주고, 나와 함께할 사람들이구나.'라고 느낄 만한 시간이 필요하다. 그러한 관계가 형성되면 아이들이 변화하기 시작한다. 그래서 '세품아' 교사들은 '아이들을 결코 포기하지 않는다.'라는 원칙 아래 아이들과 긴밀하게 생활하며, 돌아갈 온전한 가정이 없는 아이들이 사랑과 안정감을 느끼며 자연스럽게 공동체에 정착하도록 돕는다.

그리고 '세품아' 어른들은 청소년의 문법과 문화를 존중한다. '세품아'에서는 청소년에 대한 관심과 애정을 바탕으로, 아이들 각자의 개성에 맞게 아이들에게 다가서려고 노력한다. 또한 고정된 프로그램이나 딱딱하고 엄격한 규율을 적용하는 것이 아니라, 아이들이 먼저 마음을 열고 자발적으로 무언가를 하고 싶어 할 때까지 기간을 정하지 않고 기다려 준다. 그 시간 동안 함께 운동하고, 음악을 듣고, 함께 여행을 다니기도 한다. 그런 시간을 보내는 동안 아이들은 자신이 좋아하는 일이 무엇인지, 그것을 어떻게 경험할지 자유롭게 탐색하는 기회를 갖는다. 아이들 각자의 속도와 방향, 표현 방식을 존중하면서 아이들 내면에 잠재되어 있는 긍정적인 에너지를 발견하도록 돕는 것이 '세품아'의 역할이다.

무엇보다도 '세품아'에서는 한 사람의 전인격적인 변화를 지지한다.

'세품아'는 한 사람의 전인격적인 변화가 이후 백 명을 변화시키는 영향력을 갖는다고 믿는다. 그래서 다수의 청소년을 대상으로 하는 표면적인 행동 교정이 아니라, 한 아이의 전인격적인 변화에 집중한다. 실제 청소년들의 세계에서 허브 역할을 하는 한 아이의 변화는 청소년 고유의 네트워크를 통해 수많은 청소년들에게 영향을 미치며, 그 파급력은 상당하다.

'세품아'의 원칙이 왜 생겼을까

무한히 사랑하고 무한히 책임지는 게 가족이다. '세품아'는 가족이다. 당연히 '세품아'는 아이들을 포기하지 않는다. 그것은 지금까지 이어 온 '세품아'의 원칙이다. 우리가 많은 위기 청소년 중 단 한 명도 포기할 수 없었던 이유다. 이 아이들에게는 중요한 사람들에게 버림받은 기억들이 있다. 엄마가 2만원을 동전으로 바꿔 주고서 인형 뽑기 기계 앞에 버리고 간 아이, 아버지의 자살로 어느 날 갑자기 가정이 사라진 아이도 있다. 이런 아이들에게는 '우리는 절대로 너를 안 버린다.'라는 확신을 심어 주어야 한다. 물론 이런 원칙을 지키는 것은 비효율적일 수도 있지만, 이러한 확신을 통해서만 아이들은 안정감을 찾고 방황과 비행에서 벗어날 수 있다.

또 하나 '세품아'를 운영하면서 꼭 지키려 하는 원칙이 있다. '모든 아이는 존귀하다.'라는 철학이다. 이 아이가 공부를 잘해서, 어떤 행동을 해서 소중한 존재가 아니라, 그저 이 아이라서 소중한 것이다. 우리는 '모든 아이가 고유하고 아름다운 가치를 가지고 태어난다.'라고 믿는다. 어른들은 아이들에게 그 가치를 일깨워 주어야 하는 것이다.

나는 아이들을 치료하면서 '충분한 시간이 필요하다.'라는 것을 알게 되었다. 특히 '세품아' 아이들의 본드 중독을 치료하는 데는 수년이 걸렸다. 그 시간 동안 아이들의 증세는 나아졌다가 심해지기를 반복했다. 아이들이 다시 본드를 흡입했을 때, 그 당시에는 어떻게 해야 하나 하면서 낙심하고 절망하고 원망하며 크게 흔들렸다. 지금은 그런 것도 나아지는 과정의 일부라 생각하고 흔들리지 않고 바라볼 수 있게 되었다. 우리는 아이들을 충분히 끝까지 기다려 준다.

2

세품아는 무엇이 다를까

가출과 비행의 악순환

10여 년의 시간 동안 많은 위기의 아이들과 함께하면서 나는 아이들의 문제를 그 근본 원인에서부터 들여다보게 되었고, 아이들과 끝까지 함께하는 과정에서 현재 우리 사회가 이 아이들을 근본적으로 회복시키고 사회에 제대로 정착시키기 위해서는 어떻게 해야 하는지에 대해서도 깊이 성찰하게 되었다.

위기의 아이들을 변화시키기 원한다면, 먼저 아이들이 왜 그런 위기에 처하게 되었는지 아이들의 성장 과정 등을 통해 아이들을 이해하는 과정이 제일 먼저 필요하다. 위기 청소년들의 일탈은 대부분 가정의 문제에서 시작된다. 깨어진 가정, 역기능 가정에서 겪는 여러 문제들은 아이들을 고통스럽게 하고, 입시 위주의 교육 체제에도 적응하지 못하는 아이들은 결국 가정과 학교를 떠나 길거리로 내몰린다.

아이들이 가정과 학교에서 마음을 잡지 못하고 가출하면, 1주일 이내에 비행과 범죄로 이어지게 되어 있다. 아이들이 의지하고 활용할 수 있는 관계라고 해봐야 뻔하기 때문이다. 그리고 경찰에 잡히고 법원에 넘겨져 보호 관찰 처분을 받고 다시 가정으로 돌려보내지는 경우가 대부분이다. 하지만 이미 한 번 붕괴된 가정은 그대로다. 결국 깨어진 역기능 가정에서 아이들은 견디지 못하고 다시 거리로 뛰쳐나온다.

그렇게 거리로 나온 아이들은 결국 다시 범죄의 길에 들어서게 되고, 마치 약물에 중독되듯 비행에 중독되어 버린다. 관계에 문제가 생

'세품아'는 현재 위기청소년에 대한 문제 해결 방식이 비행 단계에 따라 분절적으로 이루어지는 한계를 극복하려고 한다. 그래서 문제가 생긴 아이들이 자립의 단계에 이를 때까지 모든 과정에서 아이의 성장 과정을 함께하며 치유와 회복이 이루어지도록 통합적 해결 방법을 모색한다. 이는 'Home' 'School' 'Studio'로 설명될 수 있는데, 이러한 방법들은 그룹 홈 클러스터와 독립 그룹홈이 결합된 구조에서 복합적 서비스 체계로 제공된다. 즉, 교사들과 아이들이 관계 욕구를 충족하고 함께 공부하며 성장하는 건강한 대안 가정 'Home', 아이들의 욕구에 집중한 프로그램을 통해 성공적인 치유와 재능 계발이 일어나는 'School', 집단적 폐쇄 구조에 갇힌 위기 청소년이 세상과 소통하는 법을 배우고 조직 관계를 형성하는 능력을 키우는 'Studio'이다.

긴 부모에게 용돈을 타내는 것보다, 휴대폰 하나 훔치는 것이 편하며 더 많은 돈이 생긴다. 이런 삶에 익숙해지면 마치 중독에서 헤어나오지 못하듯 원래의 자리로 쉽게 돌아가지 못한다. 그리고 아이들은 폐쇄적인 자신들만의 커뮤니티에 갇혀 버린 사회적 자폐아들이 된다.

다시 건강한 생활로 되돌아가기는커녕 이제는 비행의 길을 빠져나오는 것마저도 힘겹게 되는 것이다. 이 아이들이 새로운 삶에 대해 깊이 고민하게 되는 시기는 대부분 국가의 공권력에 의해 모든 관계가 단절됐을 때다. 그 시간이 자신의 삶을 돌아보는 기회가 되지 못하면, 결코 원래의 자리로 돌아오지 못한다. 그리고 그 기회를 잡는 아이들이 그리 많지 않다는 것은 재범률 38.5퍼센트라는 부천시의 통계를 보면 알 수 있다. 사법 당국에 의해 사건 처리 되지 않은 재범들까지 포함하면 재범률은 상상을 초월한다.

'가출 – 범죄 – 처벌 – 복귀'의 각 단계마다 정부와 민간단체들이 제공하는 다양한 문제 해결 방법이 있기는 하다. 그러나 이 모든 서비스들은 각 단계별로 분리되어 있으며, 아이들은 '인격'이 아닌 '서류'로 관리되고 연결된다. '한 아이'의 삶에 통합적인 서비스가 제공될 수 없는 구조다. 지역 사회에서는 주 사례 기관이 여러 기관과 서비스 자원을 서로 연결시키지만, 아이들 입장에서는 그저 이 기관, 저 기관으로 '토스' 당하는 과정일 뿐이고, 그 과정에서 정서적인 불안을 느끼며 더 큰 어려움에 빠지기 쉽다.

그리고 소년원 같은 곳에 격리하면 보호 기간 동안에는 재범을 방지할 수 있지만, 오히려 그러한 격리 공간 특유의 폭력적이고 계급적인 하위 문화에 젖게 되는 역효과가 생긴다. 따라서 소년원을 나온 후 다시 범죄에 빠지게 되는 일종의 '요요 현상'을 겪는다.

기존 문제 해결 방식의 한계

아이들이 범죄의 그늘에서 온전히 벗어나 자립하지 못하면, 청소년기에 다행히 재범을 저지르지 않는다 할지라도 성인이 됐을 때 제대로 된 직업을 가지지 못한 채 '범죄 예비군'의 모습으로 살아가게 된다. 범죄로부터 물리적으로 격리하는 것이 일시적으로는 재범률을 낮춘다 하더라도, 사회 속에서 올곧게 살아갈 준비가 되지 않은 아이들에게 범죄의 유혹은 언제나 존재하며, 아이들은 그것을 이길 힘이 없다. 그리고 이 아이들이 성인이 되어서도 범죄에서 벗어나지 못할 경우, 그들의 자녀 역시 비슷한 길을 걸어갈 가능성이 높다.

따라서 위기 청소년에 대한 대책은 범죄에 빠진 아이들을 일시적으로 범죄에서 벗어나게 하는 것에 머물러서는 안 된다. 아이들이 온전하게 자립할 수 있게 해야 한다. 진정한 의미의 '탈 범죄'는 이들이 온전하게 자립하게 되었을 때 가능하다.

그런데 기존 해결 방식의 핵심적인 문제는 부모나 가족으로서 아이들과 인격적인 관계를 맺고 발굴에서부터 자립에 이르기까지의 과정을 끝까지 함께해 주는 관계가 없이, 단계 별로 나누어지는 프로세스 속에 단지 행정적인 절차에 따라 아이들이 '토스'된다는 것이다.

'세품아'의 다른 점

2008년 가출한 한 아이를 돌보는 것을 시작으로 위기 청소년 공동체가 된 '세품아'는 본드 중독과 그로 인해 발생한 여러 범죄들과도 싸워 왔다. 그러던 중 '중독은 중독으로 치료한다.'라는 치유의 원리를 발견하고 그 원칙을 바탕으로 여행과 음악 활동을 시작하였고, 인천 법원과 탄탄한 협력 구조를 형성하고 지역 사회와도 지속적인 연대를 하여 위기 청소년이 지역의 문화 활동가로 변신하는 열매를 맺었다. 이러한 열매를 맺기까지 숱한 시행착오와 실패, 크고 작은 성공을 경험하면서, 기존 문제 해결 방식과는 차별화 된 '세품아' 고유의 위기 청소년 치유 원리와 접근 원칙을 발견했다.

'유스 캠퍼스'는 발굴에서 자립까지 함께하는 '세품아'의 치유, 회복 프로그램으로 '위기 청소년의 꿈이 자라나는 땅'을 뜻한다.

'세품아'는 이러한 원리가 가장 효과적으로 발현될 수 있는 구조로 '유스 캠퍼스(Youth Campus)'를 구상했다.

삶을 함께하는 가족 공동체

기존 기관들이 위기 청소년 프로그램을 진행하면서 겪는 가장 큰 문제는 역설적이게도 프로그램을 적용하여 돌볼 대상, 즉 위기의 아이들을 확보할 수 없다는 것이다. 아이들을 발굴하였다 하더라도 프로그램 출석률과 완주율은 상당히 낮다.

사실 아이들이 프로그램에 적극적으로 참여하여 실질적으로 변화와 성장을 가져올 수 있도록 옆에서 아이들을 지지하고 돌보는 공동체 혹은 개인이 없는 프로그램은 무의미하다. 특히 심각한 범죄의 늪에 빠져 있는 청소년들에게는 더더욱 그러하다. 프로그램에 잘 참여할 수 있도록 끈끈한 인간관계를 통해 아이들을 격려하고 돌보는 지지자가 없는 상태에서 진행되는 프로그램은 실효를 거두기 어렵다.

위기의 아이들의 회복을 위해서는 진정한 가족의 관계를 느낄 수 있는 대안 가정을 제공하는 것이 변화의 출발점이다. 청소년들은 진정한 가족으로서의 부모 역할을 하는 선생님의 지지, 격려, 인도가 있을 때에만 변화를 위한 다양한 프로그램에 능동적으로 참여할 수 있다.

치유와 교육의 원리: 아이들의 필요는 무엇일까

위기 청소년을 위한 다양한 프로그램들이 있으나 아이들은 이미 너무 많은 프로그램을 경험해서 프로그램에 대한 기대감이 없고, 프로그램이 아이들의 삶에 흡수될 수 있도록 옆에서 돕는 사람도 없다. 이런 상황과 더불어 학습 중단으로 인해 학습 능력이 떨어질 수밖에 없는 아이들에 대한 고려도 필요하다.

'유스 캠퍼스'는 기관 중심이 아닌 철저하게 대상 중심으로 움직이는 교육을 추구한다. 즉, 먼저 아이들의 필요를 중요하게 여기고, 아이들의 필요를 발견하고, 필요를 유발시키는 과정을 가장 소중히 여긴다. 프로그램 컨텐츠는 차후 문제다. 기존의 교육 방식에 적응하지 못하고 이탈한 청소년들이기에 아이들의 이러한 상황을 철저하게 고려하고 각각의 아이들에게 맞는 교육 내용과 교육 방식을 적용한다.

변화를 경험한 한 명이 1백 명을 변화시킨다

'유스 캠퍼스'는 아이들이 세상에 기여할 수 있는 건강한 시민으로 성장하도록 돕는 것, 즉 '세상을 품은 아이들이 되는 것'이 궁극적인 목표다. 재범을 하지 않는 것은 1차적인 목표일 뿐이다. 이 아이들은 여러 과정을 거치면서 자신이 '쓰레기'라는 확고한 자의식을 가지고 있다. 이들은 자신들이 사회에 기여할 수 있다고 생각하지 않는다. 이러한 잘못된 자의식을 바꿔 주고, 자신의 원래 모습을 돌아보고 가능성을 찾도록 돕는 것이 중요하다. 위기 청소년들의 근본적인 삶의 변화는, 곧 사회의 바이러스 같은 삶을 살던 아이들이 세상을 변화시키고 복되게 하는 행복 바이러스가 되는 것이다.

또한 '유스 캠퍼스'는 한 사람의 확실한 변화를 통해 위기 청소년이 속한 전체 커뮤니티에도 영향을 끼침으로써 결국에는 지역 사회 청소년 범죄의 지형을 바꾸고자 한다. 청소년 커뮤니티의 핵심적인 한 사람에게 자원을 집중해서, 아이들 내부의 영향력을 통해 연쇄적인 변화가 이루어지게끔 한다.

치유란 '본래의 나'를 찾는 것

앞에서도 이야기했듯이 아이들을 어떻게 바라보느냐에 따라 우리가 아이들에게 보여 줄 수 있는 미래의 가능성은 달라진다. 우리는 위기의 아이들을 '가출이 아니라 탈출한 것이다.' '나쁜 아이들이 아니라 아픈 아이들이다.' '쓰레기가 아니라 자원이다.'라는 관점으로 바라본다.

위기 청소년들은 그동안 자신의 소중한 가치를 발견하지 못한 채 살아왔다. 이들은 각자의 성장 환경에서 자신의 가치를 발견하고 그것을 실현해 나가도록 보호받고 교육받지 못했다. 어쩌면 스스로도 통제할 수 없는 겉으로 드러난 행동에 의해 끊임없이 저평가를 받았다. 그들을 현재의 행동에 따라 판단하기 전에, 존재적 가치를 발견하고 그 가치를 스스로 받아들일 수 있도록 돕는 것이 필요하다. 자신의 진정한 가치를 안다면 아이들은 범죄의 길로 다시 쉽게 돌아가지 않는다.

결국 치유와 회복은 자신의 모습을 발견하는 데서부터 시작된다. 다른 사람이 말하는 내가 아닌, 진정한 자신을 발견하는 데서 시작된다. 위기 청소년들이 자신을 돌아볼 수 있는 기회를 갖고 '긍정적인 자아와 마주하는 순간'을 가질 때 치유와 회복의 첫걸음이 시작된다.

'세품아'에서는 바로 이 '순간'을 만들기 위해 여행을 다녔다. 문명사회뿐만 아니라 이전의 삶과 환경에서 완전히 단절되는 오지로도 여행을 떠났다. 아이들은 그곳에서 마주치는 예기치 못한 상황들 속에서 잊고 있던 본래의 자신을 발견했다. 또한 자신과 같은 아픔을 가진 또 다른 아이들을 만나고 자신의 아픔으로 그들을 위로할 수 있음을 알았다. 이처럼 '유스 캠퍼스'의 모든 프로그램은 자신을 발견하고 자신의 가치를 키워나가는 치유와 회복에 집중한다.

자립은 사회적 관계의 회복이다

'세품아'에서 자립은 단순히 미래의 생계를 위한 대책을 마련해 주는 것, 즉 직업 교육을 해주는 것을 의미하지 않는다. 왜곡된 자아상을 가지고 뒤틀린 삶을 살아온 청소년들이 자신의 가치를 발견하고 건강한 관계 속에서 삶을 꾸려갈 수 있도록 돕는 것이 '세품아'의 자립 훈련 과정이다.

그동안 위기 청소년들에게 행해졌던 자립 교육의 특징은 생존을 위한 단순한 기술 교육이었다. 하지만 아이들은 기술 교육을 받은 후 그 기술이 생존에 실질적인 수단이 되도록 지지해 줄 어떠한 사회적 관계망도 가지고 있지 않다. 이끌어 줄 선생님도, 친척도, 선배도 없다. 이러한 상황에서 아이들은 막상 기술을 가지고 사회에 나갔을 때 무능한 자신을 발견하게 된다.

'유스 캠퍼스'는 단순히 먹고 사는 문제가 아니라 '가치 있는 삶을 살기 위해 어떻게 준비할 것인가.'를 먼저 묻는다. 다른 사람에게 고통을 주었던 내가 다른 사람에게 행복을 주는 사람으로 살 수 있다는 것을 알려 주고, 그런 삶을 살기 위해 준비하는 것에 집중한다. 그것을 위해 우선 위기 청소년들이 사회적 자폐 상태에서 벗어날 수 있도록 돕는 것이 필수적이다. 먼저 기술 교육 못지않게 출퇴근 시간을 지키고, 약속한 일들을 책임감 있게 해내고, 일상적인 삶의 패턴을 지속적으로 감당할 수 있도록 이끌어 주는 단계도 필요하다. 그리고 상사와 동료 등 다른 사람을 존중하고, 소통하며 함께 일하는 법을 익혀야 한다. 따라서 자립을 위한 직업 훈련도 단순히 기술과 자격증을 얻는 것만이 아니라, 자신의 가치를 실현하고 사회적인 관계 능력을 키우도록 하는 방향으로 진행하고자 한다. 또한 다양한 직업군을 경험하고 그것을 자신의 재능과 적성과 연결하는 과정을 밟도록 돕는다.

'유스 캠퍼스'의 최종 목표는 아이들이 세상을 좋게 만드는 데 이바지하는 것이다. 그것은 아이들이 방황을 그만두는 데서부터 시작한다. 이제 아이들이 세상을 바꿀 주체가 되어야 한다.

상처입은 치유자

그런데 이러한 '유스 캠퍼스'의 원칙과 비전이 성공하기 위해서는 가족같이 지지자 역할을 하는 '한 사람'으로서의 선생님들의 역할이 매우 중요하다.

자원 봉사 선생님들과 함께 꾸려 오던 '세품아'는 몇 년 전부터 선생님을 공채로 채용하기 시작했다. 선생님을 채용할 때 우리는 선생님들의 지나온 삶에 대해 나눈다. 아픔을 가져 보았던 사람이 공감이라는 다리를 건너 아픈 아이들과 함께 할 수 있다는 것을 알기 때문이다. 사람들은 보통 문제를 겪고 있는 아이들을 보면, 겉으로 드러난 행동만 보고 이상하게 생각하고 이해할 수 없다는 반응을 보인다. 그 아이들을 이해할 수 있는 눈은 공감의 마음이 있을 때 열리는 것이다. 같은 고통을 겪어본 사람이 보이지 않는 아이의 마음을 공감할 수 있고 지금의 상황을 이해할 수 있다. '세품아'의 핵심 노하우는 결국 아픔의 경험을 지닌 선생님 그 자체다. 아이들과 함께하는 것을 업무의 일환으로 여기지 않고 공감하며 함께 불안한 시기를 견디어 주는 것, 그것이 이곳 선생님들의 교육이고 '세품아'의 노하우다.

이곳에 있는 선생님들은 아이들이 점차 변화되는 모습을 보면서, 자기도 이전에 겪었던 아슬아슬하고 불안한 청소년기를 아이들이 함께 무사히 건너 오는 것을 보면서 보람을 느낀다. 이들이 할 수 있는 건 아이들의 아픔과 방황에 공감하고 소통하며 함께 불안의 강을 건너 주는 것이다.

그런데 한편으로는 다르게 자란 사람도 있어야 서로 균형점을 맞출 수 있고, 서로를 이해하고 배울 수 있다. 그리고 또 다른 관점에서 본다면, 상처 없는 사람이 세상에 어디 있을까? 모든 사람은 각자의 상처가 있다. 겉으로야 어떻게 드러나든 누구의 상처가 더 크다 작다 객관적으로 비교할 수 없다. 그렇기에 어떻게 보면 모든 사람들이 아이들을 공감해 주고 변화시킬 가능성이 있다. 다만 '아이들을 보는 눈'이 중요하다. 아이들을 자원으로 바라보는 사람, 아이들의 상처와 문제를 동시에 바라보는 사람이 선생님의 역할을 감당할 수 있다.

포기하지 않고 끝까지 함께하는 '세품아'의 사례는 학계의 관심을 끌었다. 가족 위기 청소년 문제를 연구하는 가톨릭대 라준영 교수팀은 2013년부터 '세품아'의 성공 비결을 연구하기 시작했는데, '세품아'에 강력한 청소년 문제 해결 방안이 있다고 평가했다. 전국에서 위기 청소년들이 실제로 회복되고 변화되어 성공적으로 정착한 사례는 '세품아'가 유일한 것 같다고도 했다.

결국 해법은 가족이다. 각국의 성공 사례를 살펴보면 그 중심에 '가족' 역할을 하는 공동체가 있다. '세품아'는 하나의 큰 가족이다. 위기 청소년들은 한결같이 원가족에게서 깊은 상처를 받고 관계가 단절된 경험이 있다. 스스로를 사회에 해를 끼치는 존재라고 생각하는 아이들을 수렁에서 건져 내고 사회에서 당당하게 살아가게 하려면, 이러한 상처를 치유하고 관계를 복원시킬 온전한 가족이 반드시 필요하다. 이곳에선 다 큰 아이들이 여자 선생님을 '엄마'라고 부르며 어리광을 피운다. 선생님들은 아이들과 '놀아 주는' 게 아니라 가족이 되어 그냥 같이 논다.

'세품아' 선생님

'세품아'에서 선생님이 하는 역할을 정확하게 표현한다면 바로 부모다. 아이들을 끝까지 포기하지 않고 끝까지 믿어 주고 함께해 주는 사람이다. 아이들이 자신의 가치를 발견하도록 돕고 그 가치를 실현하는 삶을 살도록 끊임없이 지지하고 격려하며 함께 걸어간다. '세품아'가 커진다는 것은 이런 역할을 감당할 선생님들 수가 늘어나고 그들의 역량이 자라난다는 것을 의미한다. 품고 돌보아야 할 아이들은 너무나도 많다. 아이들을 발굴하려 애쓰지 않아도 아이들은 넘쳐난다. 그러나 문제는 이 아이들을 돌볼 사람이다. 이 아이들에게 가족이 되어 줄 사람이다. 이들은 어떤 과정을 통해 양성될 수 있을까?

'세품아' 교사로서 가장 중요한 능력은 '공감 능력'이다. 아이들의 아픔과 상처를 진정으로 공감할 수 있는 사람이어야 한다. '세품아' 교사들 대부분은 아이들과 비슷한 삶의 여정을 걸어온 사람들이다. 교사들 중에 두 명은 '세품아'의 출발점이 되었던 가출했던 아이들이다. 위기의 아이들에 대한 그들의 공감 능력은 탁월할 수밖에 없다. 물론 아이들과 동일한 삶의 경험이 전혀 없는 사람들도 있다. 그러나 그 사람들 역시 탁월한 공감 능력을 가진 사람들이다. 우리가 아이들과 공감할 수 없다면 아이들에게 한걸음도 다가갈 수 없고 어떤 좋은 영향도 끼칠 수 없다. 공감 능력이 뛰어나도 구체적으로 아이들을 끝까지 포기하지 않고 끝까지 믿어 주고 함께하는 삶을 어떻게 살아갈 것인가의 문제는 또 별개다. 이러한 교사의 양성은 강의실에서 이론으로 이루어지지 않는다.

나는 대학에서 '삶을 통해' 전수되는 도제식 공동체에 대해 공부했다. 그때 많은 생각을 했고, 깨달은 바가 많아 '세품아' 선생님들도 도제식으로 가르친다. 부모의 역할은 어떻게 배우는가? 부모와 함께 생활하며 부모의 삶을 보고 배운다. '세품아' 초창기 선생님들은 우리 부부와 함께하며 '세품아' 선생님의 역할이 무엇인지 몸소 체험하며 배웠다. 그리고 우리는 선생님들이 역할을 잘 해나갈 수 있도록 옆에서 돕는다. 그리고 그 다음에 함께 케이스 스터디를 하며 이론을 배워 나가는 식이다. 우리는 이렇게 선생님들을 키워 내고 있다. 우리 부부가 겪은 수많은 시행착오를 알려 주고 우리 부부보다 더 훌륭한 선생님이 될 수 있도록 돕는다. '세품아'를 이끌어 가는 동안 선생님들과 수많은 논쟁이 있었는데, 지금 그 선생님들은 우리 부부와 꼭 닮은 사람들이 되었다.

'세품아' 출신 막내 교사의 책상에는 이런 메모가 있다. "모든 아이들은 가장 사랑스러워 보이지 않는 순간이 가장 사랑이 필요한 순간이다." 아이들이 미울 때마다 속으로 되뇌었던 말이다.

지금 우리는, 이러한 훌륭한 선생님들을 더 많이 체계적으로 양성하기 위해 우리 부부와 초창기 선생님들의 삶 속에 녹아 내린, 아이들의 변화를 위한 모든 경험을 정리하고 발전시킬 수 있도록 외부 전문가들과 연구하고 있다. 아이들을 깊이 공감하는 좋은 부모가 되어 줄 선생님들이 더욱 많아지길 간절히 바란다.

© 2013, 몽골 힐링캠프

회복을 위한

여정

"아이가 가장 사랑스러워 보이지 않는 순간이
아이에게 가장 사랑이 필요한 순간이다."

1

위기는 기회다

내 마음을 쏟고 싶어

이제 '세품아'의 이러한 원칙들과 방법으로 위기의 아이들이 어떻게 회복되고 성장하여 자신의 길을 찾아 나섰는지, 어떻게 위기를 벗어나 성숙한 어른이 되었고, 이 사회의 당당한 일원으로서 자신의 역할을 하며 희망이 되고 있는지 그 여정을 살펴보려고 한다.

우연한 계기로 위기 청소년 공동체인 '세품아'가 시작된 후, '세품아'에는 위기 청소년들이 몰려들기 시작했고, 문제아들의 소굴이 되었다. 아이들의 비행은 점점 더 심해졌고, 학교에서 아이들이 중징계를 받기도 했다. '세품아'를 돕던 선생님도 그만둘 지경이었다.

여러 사건 사고 중 가장 심각한 문제는 본드 흡입이었다. 많은 사람들이 본드 흡입은 80, 90년대 이후 사라졌다고 생각하는데, 그 이후에도 사실 매우 심각한 상황이었다.

최근에는 스마트폰, 게임, 음란 동영상 등 다양한 중독이 사회 문제가 되고 있는데, 뒤에서도 살펴보겠지만 '중독' 문제는 그 나타나는 양상이 무엇이든 그 원인과 해결 방법은 비슷하다. 이러한 다양한 양상의 중독은 가까이서 지켜보고 경험해 보지 않으면 그 심각성을 제대로 알기 어렵다.

내가 본드 중독의 심각성을 알게 된 것은 한 아이를 통해서였다. 위험한 동네 찻길에서 그 아이를 처음 발견했는데, 아이가 너무 이상했다. 멍한 표정으로 4차선 고속도로를 휘청거리며 건너는 아이를 보고 목이 터져라 외쳐 불렀지만 아이는 듣지 못했다. 집에 데리고 와서 보니 아이는 혓바닥이 갈라져 피가 나 밥도 먹지 못했다. 잠잘 땐 거칠게 숨을 몰아쉬었다. 산 송장을 보는 것 같았다. 나는 그때 처음 본드 중독의 심각성에 눈을 뜨게 되었다.

본드는 뇌를 망가뜨리고 시신경도 훼손한다. 영재라고 불리던 아이의 아이큐가 145에서 100 이하로 떨어지기도 하고, 심해지면 말도 제대로 못하고, 밤에 앞도 잘 못 본다. 한창 자랄 10대 아이들의 몸과 마음을 초토화시키는 것이다. 그 상황을 알고나서 나는 가만히 있을 수가 없었다. 수렁에 빠진 아이들을 누군가는 구해 내야 했다.
당시 경찰청 통계 자료에 의하면 인천 지역의 청소년 유해 화학 물질 사범이 전국에서 가장 높았다. 인천 지역의 본드 열풍이 인천과 인접한 부천까지 옮겨 온 것이다.

위기 청소년들의 특성상, 한 명이 본드를 시작하면 급속도로 퍼져 나간다. '세품아'에서도 2009년 한 아이가 처음 본드 흡입을 시작하고 나서 다른 친구들이 같이 하게 됐다. 처음 본드에 중독되기 시작한 아이는 어릴 때 엄마로부터 버림받은 상처를 달래려 본드에 손을 댔고, 아이들의 공급책이 됐다. 당시 본드는 아이들에게 걷잡을 수 없이 빠른 속도로 번져 나갔다.

본드에 중독되는 주요 이유는 환각 작용 때문이다. 본드를 흡입하면 모든 안 좋은 기억은 잊혀지고 기분 좋은 상태가 된다. 본드 환각이 주는 쾌락은 성적 오르가즘의 백 배 정도라고 하니 어린 나이에 이런 쾌감을 한 번 맛보고 나면 스스로 쉽게 벗어날 수가 없다.

본드는 평소 막연히 생각하던 것보다 훨씬 그 폐해가 심각했다. 몸의 여러 기관을 심각하게 훼손하는데, 곤충에 대해 거의 모든 것을 알고 있어 '오브르'라고 불리던 아이는 본드를 하고 나서 건망증 환자가 되었다. 운동 신경이 좋던 검도 선수 출신 아이도 운동 신경이 둔해지고 시력이 감퇴됐다.

아이들이 본드에 중독되면 가장 큰 문제가 만사에 무감각해진다는 것이다. 아이들에게 아무리 흥미를 끌 만한 것을 권해도 재미를 느끼지 못하고 싫다고 한다. 본드만한 쾌감이 없으니 다른 모든 것에 의욕도, 흥미도 느끼지 못한다. 아이들의 본드 흡입 문제가 너무 심각해지자 중독을 끊기 위해 지역 병원의 협조를 구해 아이들을 입원시킨 적도 있지만 번번이 실패했다. 본드 흡입은 단순한 '비행'이 아니라 아이들을 서서히 죽여가는 심각한 '중독'이었다. 절망적이었다.

본드와의 싸움은 연전연패였다. '세품아' 여러 아이들이 본드 때문에 정신 병원과 소년원을 들락거렸다. 그러던 어느 날 경찰이 한 아이와 관련된 본드 흡입 신고가 여러 건 접수됐다며 찾아왔다. 참담한 심정으로

'세품아'는 인천 지법 소년단독판사로 재직 중이던 심재원(40) 판사와 함께 2012년 여름 '본드와의 전쟁'을 선포했다. 같은 해 9월에는 인천 지역 철물점 360곳에 공문을 보내 청소년들에게 본드를 팔지 않도록 협조를 구했다. 심재원 판사는 충북에 있는 본드 공장을 찾아가 환각 작용을 일으키는 물질인 톨루엔 성분이 들어간 본드를 인천 지역에 납품하지 않겠다는 약속도 받아 냈다. 톨루엔 성분은 본드 중독에 빠지게 하는 주요 물질로, '일반 소비자용' 접착제의 톨루엔 함량은 0.1퍼센트 미만이었지만, 톨루엔 함량이 약 37~49퍼센트인 공업용 본드는 아이들이 쉽게 구할 수 있었다. 이듬해 10월, 기술표준원의 행정 지도로 드디어 공업용 본드에 포함된 톨루엔 성분을 줄이는 데 성공했다. 그 결과 공업용 본드의 톨루엔 함량은 10퍼센트에서 0.1퍼센트로 줄었다.

경찰 조사를 마치고 나오는데 아이가 "목사님은 아빠도 아니면서 왜 남의 인생에 간섭하느냐."라며 울부짖었다. 3년을 함께 산 아이였다. 나는 "나도 모르겠다."라며 아이를 꼭 안아 줬다. 엉엉 울던 그 아이 모습을 잊을 수가 없다.

아이들이 누릴 수 있는 환경은 누가 만들까

어떻게 해도 끝날 것 같지 않던 본드와의 싸움은 2012년 초여름, 인천 지법 판사들이 함께 팔을 걷어붙이며 해결에 나서면서 획기적인 돌파구를 열었다. 작은 교회의 목사, 이름도 안 알려진 청소년공동체의 목사가 벌였던 무익해 보이는 싸움에 판사들이 팔을 걷어부치고 나서자 힘이 실리기 시작했다. 당시 인천 · 부천 지역의 본드 흡입 문제는 심각했다. 전국 본드 관련 사범의 3분의 1 이상이 이 지역에서 발생했다. 인천 지법 심재완 판사 등은 본드 중독이 아이들에게 미치는 영향이 심각하다는 것에 깊이 공감하고, 해결을 위한 구체적인 방법들을 모색했다.

본드 제조 업체를 찾아가 환각 물질을 빼라고 요구하기도 하고, 청소년에게 본드를 팔지 말라는 캠페인도 했다. 아이들에게 본드가 얼마나 해로운지 구체적으로 알리기 위한 포럼도 열었다. 드디어 2013년 10월 기술 표준원이 공업용 본드에 환각 작용을 일으키는 톨루엔을 넣지 않도록 업체에 행정 지도를 하게 되었다. 그 결과, 톨루엔 함량이 35-45퍼센트에서 0.1퍼센트로 줄었다. 이젠 본드를 흡입해도 환각에 빠지지 않는다.

한 아이를 통해 본드 폐해의 심각성을 알고, 전국에서 본드 문제가 가장 심각했던 인천 · 부천 청소년들의 본드 중독 문제를 해결하기 위해 이리 저리 뛰기 시작한 지 6년 만이었다.

아이들의 본드 중독 문제를 해결하기 위해 아이들을 설득하고 정신 병원에 입원시켜 보아도 해결되지 않았던 본드 문제는 이렇게 유해 환경을 해소하면서 1차적으로 해결되었다. 결국 우리가 유해 환경을 변화시키지 않은 채 잘못을 저지른 아이들을 무조건 처벌한다고 근본적인 문제가 해결되는 것은 아니다.

우리는 이 과정에서 문제가 생긴 아이들을 돌보는 문제가 '세품아'의 힘만으로는 힘들다는 사실을 알게 되었다. 지역청소년상담복지센터, 청소년 수련관, 병원, 법원, 경찰 등 모든 관계자들과의 연계와 협조가 없었다면 아이들의 본드 중독 문제를 해결하는 것은 불가능했을 것이다. 이것은 이후 내가 '좋은 아저씨'에서 자연스럽게 '체인지 메이커'로서의 삶을 살아가게 된 여정에 영향을 주었다.

최근 SNS 게임, 인터넷, 음란 동영상 등 또 다른 중독의 문제가 심각한 사회 문제로 부각되고 있다. 게임에 중독된 젊은 아빠가 자녀를 방치해 죽음으로 몰아가기도 한다.

대상이 무엇이든 중독은 근본적인 원인을 아는 것이 중요하다. 중독의 원인은 아이들이 안정적인 관계에서 자신의 가치를 발견하고, 그 가치를 실현시키는 데 열정을 바칠 수 있는 환경을 제공하지 못하는 현실에 있다.

관계의 문제로 인해 안정감을 가질 기회를 잃은 아이들은 1차적인 안정감을 느낄 수 있는 대상을 찾아 헤매다가, 비행 청소년 무리가 주는 소속감과 안정감에 자신을 맡긴다. 그리고 무리의 인정을 받으려는 욕구로 인해 비행이 강화되거나 본드, 동영상, 게임 등에 중독된다. 그런 면에서 비행도 일종의 중독이다.

중독은 아이들이 마음을 쏟아 자신의 가치를 실현할 대상을 발견하지 못하고, 쉽게 빠져들 수 있는 다른 것에 집착하여 그것으로 관계의 욕구와 인정의 욕구를 채우려고 하기 때문에 생기는 것이다. 그러므로 당장의 중독 환경을 없애는 것뿐만 아니라 아이의 깊은 내면의 욕구인 안정의 욕구와 인정의 욕구 등을 채워 줄 다른 대안을 제시하는 것이 중요하다.

위기는 기회다

인생을 살면서 누구에게나 힘든 시간은 반드시 찾아온다. 그러나 그 고통은 잘 극복했을 때 삶을 풍요롭게 하는 값진 선물이 되기도 한다. 어떻게 보면 어려운 상황이 삶의 새로운 기회인 것이다. 아이들에게 문제가 생겼을 때 그것을 문제로만 볼 것이 아니라 기회로 본다면 어떤 일이 일어날까?

아이들은 갈등과 문제를 극복하며 성장한다. 그리고 우리 모두는 인생의 어느 시기에 어떤 문제를 겪게 될지 아무도 예측할 수 없다. 그러므로 위기를 적극적으로 관리하고 극복한 경험은 오히려 아이들의 미래에 좋은 자산이 될 수 있다.

문제 없는 관계, 문제 없는 공동체는 없다. 그 문제를 어떻게 바라보는가에 따라, 문제는 더 심해지고 극단으로 치달을 수도 있으며, 혹은 그 위기가 반전의 기회가 되기도 한다.

아이들이나 공동체를 바라보는 시각도 마찬가지다. '세품아'에서도 크고 작은 문제들이 일어난다. 하지만 끝까지 함께한다는 원칙과 기다려 준다는 원칙을 지키며, 문제를 기회로 보고 '그럼에도 불구하고'라는 관점에서 해결해 가다보면 새로운 단계에 접어드는 경험을 많이 했다.

아이들은 위기를 극복하면서 자신의 다른 모습, 진짜 자기를 깨닫고 새로운 가능성을 발견한다. 그리고 문제나 아픔, 혹은 자신의 약함이 다른 이에게 다가가는 공감의 다리가 되는 것도 경험한다.

이처럼 아이들이 겪은 위기는 아픔과 상처로 남을지라도, 그 경험을 잘 극복한 후에는 그것이 다른 사람을 위한 공감의 자원이 되기도 하고, 성인이 되었을 때 삶의 고난을 이겨 내는 자원이 되기도 한다.

© 2009, 몽골 힐링캠프

아이들과 함께 떠난 오지 여행에서 얻은 결론도 그것이다. 처음에 아이들은 그동안 자신들이 의지하던 모든 것을 뒤로 하고, 낯선 환경에서 스스로 헤쳐 나가야 하는 상황에 힘들어한다. 크고 작은 문제들도 발생한다. 그러는 가운데 깊게 묻혀 있던 아픔들이 분출되기도 하고, 잊고 있었던 자신의 진짜 모습을 발견하기도 한다. 예상치 못한 문제 앞에 서로를 탓하며 상처를 주는 일도 생기지만, 끝까지 완주하면서 아이들은 많은 것을 얻는다. 문제를 극복하면 이전에는 보지 못했던 전혀 새로운 길이 열린다는 것을 안다.

또한 위기를 잘 극복했을 때, 다른 어떤 방법으로도 얻기 힘든 인내와 창의력이 생기기도 한다. 그리고 최악의 상황을 통해 가장 중요한 게 무엇인지도 발견하게 된다. 우리는 완전히 망가진 삶이 다시 회복되는 과정을 통해 삶에서 가장 중요한 것이 무엇인지 배웠으며, 위기를 통해 '시각의 변화' '기다림의 마법' '끝까지 포기하지 않을 때의 기적'을 발견하게 되었다.

'지금'의 실패가 '인생'의 실패를 의미하지 않는다. 아이들은 반드시 실패한다. 그러나 반복되는 실패의 과정에서 누군가가 끝까지 믿어 주고 격려할 때 아이들은 변한다.

© 2012, 몽골 힐링캠프

/

아이들은 위기를 극복하면서 자신의 다른 모습, 진짜 자기를 깨닫고 새로운 가능성을 발견한다. 그리고 문제나 아픔, 혹은 자신의 약함이 다른 이에게 다가가는 공감의 다리가 되는 것도 경험한다.

변화의 길을 함께 가라

성공이란 무엇일까? 아무런 위기도 겪지 않고, 아무 문제 없이 무난한 삶을 사는 것만이 성공은 아닐 것이다. 또한 물질적 · 사회적으로 남과 비교해서 우위에 서는 것, 혹은 남이 인정하는 성공만이 성공은 아닐 것이다. 각자의 삶에서 어려움이 닥쳤을 때 잘 극복하고 이겨 내는 것, 실수하고 넘어지고 잘못을 저질렀을 때 다시 일어서고 돌이키고, 새롭게 시작할 수 있는 것이 어쩌면 진정한 성공이 아닐까? 그렇다면 성공하지 못할 인생이라고 단정 지을 수 있는 아이는 아무도 없다. 아이들은 아직 다 자라지 않았기 때문이다. 아이들은 아직 끝난 것이 아니다.

우리는 쓰러진 아이들을 다시 일으켜 세우는 것이 아니라, 오히려 아직 끝나지 않은 아이들에게 끝났다고 못을 박고, 더 이상 회복될 수 없도록 우리들의 소중한 미래를 훼손하고 있지는 않은가.

우리는 위기 청소년 문제를 교육이 아니라 사랑으로 접근해야 한다. 나는 위기의 아이들과 많은 일들을 겪으면서 아이들이 가장 사랑스러워 보이지 않는 때가 가장 사랑이 필요한 순간이라는 것을 깨달았다. 그리고 '힘겨운 순간이 아이들에게 가장 접근하기 쉬운 때'라는 것도 알았다. 아이들에게 문제가 생겼을 때는 실수해도, 잘못해도, 나는 언제나 너와 함께할 것이라는 믿음을 심어 줄 수 있는 절호의 기회다. 그 사랑을 느낄 때, 아이들은 변한다. 그 과정이 비효율적으로 보일지 모른다. 그러나 원래 사랑은 비효율적이다. 사랑은 낭비다. 그러나 사랑만이 이룰 수 있는 것들이 있다. 아이들의 교육이 바로 그렇다.

문제가 생겼을 때 아이들을 변화시키려 하지 말고 변화의 길을 함께 가야 한다. 선생님이나 부모와 같은 어른들의 능력과 헌신도는 아이를 가르치는 프로그램을 얼마나 완벽하게 해냈는가가 아니라, 아이에게 얼마나 영향을 주어 아이가 변하고 있는가에 있다.

초점은 프로그램 내용이 아니라, 아이다. 내가 아이에게 맞춰야 한다.

청소년들에게 실패의 자유를 허락하라

실패는 청소년의 특권이다. 그리고 어른들은 아이들이 다양한 도전을 할 수 있도록 도와야 한다. 어른들의 역할은 아이들의 울타리가 되어주고, 실패하면 일어날 수 있도록 돕고, 실패로부터 배우고 성장할 수 있도록 돕는 것이다.

지금의 교육은 청소년들의 특권을 외면하고, 많은 아이들을 무능력하게 만들고, 틀 안에 갇히게 만들고 있지는 않은가? 모든 아이들이 자유롭게 상상하고 도전할 수 있도록 돕는 것이 우리 교육의 목표여야 한다. 더불어 사는 삶의 가치와 행복을 알게 하고, 환경을 탓하기보다 자신을 계발하여 환경을 극복하게 하려면, 도전하고, 실패하고, 함께 위기를 극복해 가는 경험을 할 수 있는 자유를 주어야 한다.

'세품아'는 언제나 현재의 자리에 안주하지 않는다. '세품아'에서는 자신의 문제와 한계를 발견하는 것을 수치스럽게 여기지 않는다. 인간은 원래 부족한 존재이며, 그렇기에 무한한 발전의 가능성을 가지고 있다. 부족한 존재는 어떻게 발전하는가? 자기 부인의 과정을 통해 성장하고 성숙한다. '세품아'는 자신의 한계와 부족함이 드러나 그로 인해 문제가 생겼을 때 그것을 공동체와 개인의 성숙과 발전의 시간으로 삼는다.

2

중독은

중독으로 치료한다

재능을 찾아 몰입하기: MG 밴드

위기를 잘 극복하기 위해서는 아이들에게 비전을 보여 주고, 새로운 삶의 방향을 향한 의욕을 심어 주어야 한다. 비전이란 삶의 방향을 정하는 핵심 동기다. 그것은 어려움을 극복하려는 강력한 의욕으로 작동한다.

아이들이 어떤 어려움을 겪고 있다면, 그 문제에 함께 매몰되지 말고 아이의 문제 너머에 있는, 자신의 가치를 실현하고자 하는 진짜 욕구를 찾아 주고, 그것을 추구할 수 있도록 환경을 만들어 주는 것이 중요하다. 그렇게 되면 아이는 자연스럽게 문제를 극복하며 새로운 길로 나아간다.

나는 본드의 톨루엔 성분을 줄이기 위해 백방으로 뛰는 한편, 아이들의 치료에도 매달렸다. 하지만 아이들의 행동 교정을 위해 아무리 애써도 성과가 없었다. 결국 본드와 '중독'에 대해 제대로 알아야 치료할 수 있겠다는 생각에 전문 서적과 논문을 탐독하며 공부를 했다. 그리고 전문가에게 조언을 얻고자 수소문하던 중, 청소년상담복지센터와 연결이 되었다. 아이들이 무언가에 중독되는 근본 원인이 무엇인지 파헤쳐 보니, 아이들이 이해가 됐고 길이 보였다. 전문가와 논의한 끝에 다다른 결론은 바로 '중독은 중독으로 치료한다.'였다. 상처받고 방황하며 길을 찾지 못하고 본드라는 엉뚱한 길로 접어든 아이들에게, 본드 대신 마음을 쏟을 다른 강력한 무언가가 필요했다.

본드보다 더 강한 자극에 몰입시키지 않으면 본드를 끊을 수 없을 것이라는 판단이 섰다. 아이들을 어떤 것에 몰입시킬까 고민하다 나온 대안은 바로 음악이었다. 음악이라면 가르칠 자신이 있었다. 나는 예전에 음악 관련 산업에서 일하기도 했고 공연 기획 경험도 있었다. 아내도 예술 대학 출신이었고 밴드 활동도 했었기 때문에 음악을 가르치면 잘할 수 있을 거라는 생각이 들었다. 우리 공동체 아이들은 청소년기 아이들이 대개 그렇듯이 음악에 관심이 있었다.

악기를 구입하고, 전문가들을 섭외했다. 그리고 2010년 아이들 일곱 명으로 MG 밴드(Miracle Generation, 기적의 세대)를 결성하여 본격적으로 음악을 가르치기 시작했다. 밴드에는 나의 큰아들도 참여했다.

처음엔 순탄하지 않았다. 본드를 계속 하는 아이도 있어서 공연 준비를 도와주시는 선생님들이 많이 힘들어했다. 그래서 밴드를 이끄는 동안에도 본드 중독을 이기기엔 음악 중독은 너무 약하지 않을까 마음을 졸였다. 하지만 결국 아이들은 의지를 갖고 싸워 끝까지 해냈다. 아이들도 본드가 나쁘다는 걸 잘 알고 끊고 싶어 하지만, 혼자 힘으로는 끊을 수 없는 것이다. 하지만 다른 새로운 대안을 제시하고, 이길 수 있도록 격려하며 도와주면, 아이들도 용기를 내어 적극적으로 노력한다.

우리는 아이들에게 음악을 제대로 가르치고, 음악에 더 깊게 몰입시키기 위해 강력한 리더를 섭외했다. 인맥을 총동원해 최고의 선생님들을 초빙했다. 윤도현 밴드의 리드 기타 출신 유병렬 씨, 이탈리아에서 음악 공부를 한 성악가, 국내 최대 규모의 실용 음악 학원 전문가들이 도와주었다. 이렇게 자발적으로 모인 선생님들에게 아이들은 전문적인 훈련을 강도 높게 받았다.

처음엔 음악에 관심을 보이지 않고 연습을 하려고 하지 않던 아이들은 리더인 한빈이가 기타를 배우기 시작하자 하나 둘 함께하게 됐고, 결국 4년 가까이 '세품아'에서 함께 기타를 치고 노래를 하며 밴드 활동을 계속했다. 이 일곱 명은 이제 다들 성인이 되어 각자의 집으로 돌아갔지만 여전히 음악 활동과 청소년 사역을 함께 이어가고 있다.

선생님들은 연습하는 동안 아이들에게 항상 "너는 정말 재능이 있어. 넌 특별해."라고 말했다. 아이들은 그 말에 '속아' 끝까지 해냈다. 내로라 하는 전문가 선생님들의 격려의 말에 힘을 얻어 하루 아홉 시간의 연습을 견뎠다. 아이들에게는 그것이 거짓이든 참이든 너무나 필요했던 한 마디였다. 쌀쌀맞게 "됐거든요."라는 말을 입에 달고 사는 아이들이었지만, 정말로 모두가 관심을 끄고 아무도 상관하지 않을까 늘 두려워하는, 아직은 어린 아이들이었다.

보컬인 재명이는 처음 '세품아'에 왔을 때 속으로는 너무 좋았는데, 자신이 끼면 안 되는 자리인 것 같아 많이 도망다녔다고 고백했다. 그런데 자꾸만 밀어 내도 방황하는 자기를 계속 찾아와 주어서, 속으로는 참 고마웠다고 언젠가 공연이 끝나고 알려 주었다. 누군가 나를 잊지 않고 찾아 주는 사람이 있다는 게 큰 안정감을 주었던 것이다. 우리 어른들이 마음을 열고 아이들의 이런 내면을 읽을 줄 알았으면 좋겠다.

2010년 말 드디어 MG 밴드가 첫 공연을 했다. 좌석이 1백여 개인 예배당에 250여 명이 몰려왔고, 공연은 대성공이었다. 하지만 갈 길은 아직 멀었다. 멋진 공연을 훌륭하게 해낸 아이들에게 나는 흥분을 감추지 못하고 "본드가 좋아, 음악이 좋아?"라고 물었지만, 아이들은 아직은 본드가 더 좋다고 했다. 하지만 아이들의 가능성을 발견한 우리는 포기하지 않고 음악에 더 중독시키기로 마음먹었다.

온 동네를 시끄럽게 했던 '세품아' 1세대 아이들이 기타와 드럼을 뚱땅거리며 모여 2010년 '기적의 세대'라는 뜻을 담은 MG 밴드를 결성했다. MG 밴드 멤버들은 자신들의 노래로 세상의 아픈 사람들이 조금만 덜 아팠으면 좋겠다고 생각한다. 여섯 명의 멤버가 보컬, 키보드, 드럼, 베이스, 기타 등을 맡고 있다.

문제아라고 주위에서 손가락질받으며 자존감이 바닥으로 떨어진 아이들은 스스로를 바이러스 취급 했다. 그래서 위기를 극복하고 자기의 가치를 실현할 수 있는 무언가를 찾으려 노력하는 것이 아니라, 오히려 바이러스 같은 자신을 잊게 해주는 본드에 중독되었다. 우리는 아이들에게 최고가 되어 보는 경험을 주고 싶어서 두 번째 공연 때는 개인 프로필 사진은 물론, 의상, 메이크업, 무대 장비에 이르기까지 마음과 정성을 다해 준비했다.

2012년 2월, MG 밴드의 두 번째 자체 공연 'Reborn(리본, 재탄생이라는 의미)'도 성공적으로 끝났다. 청소년 밴드임에도 450여 명이 모이는 성과를 거뒀다. 무대 자체도 공연으로서도, 음악적으로도 훌륭했다. 나는 청중들과 함께 감격했고, 다시 아이들에게 "본드가 좋니, 공연이 더 좋니?"라고 물었다. 돌아온 대답은 "이제는 공연이 더 좋아요."였다. 본드와의 전쟁이 끝나는 순간이었다. 이후 '세품아' 1세대는 모두 본드 흡입을 중단했다.

세상과 소통하기: 세상을 품는 아이들

그 후 아이들은 활발한 밴드 활동을 통해 세상과 소통하는 법을 배우기 시작했다. MG 밴드는 2012년부터 부천시 청소년 수련관과 함께 'ROCK & 樂 페스티벌'에 참여하면서 지역 커뮤니티 활동에도 기여하고 있으며, 노인과 장애인 보호 시설에 찾아가 공연으로 봉사 활동도 열심히 하고 있다. 이제는 MG 밴드의 뒤를 잇는 새로운 밴드들이 등장했다. 후배들은 '크런치 밴드' '검정고시 밴드' 등을 만들어 자기들만의 색깔을 가지고 밴드 활동과 자아 찾기 여정을 이어가고 있다. 2013년 2월에는 MG 밴드와 크런치 밴드가 '항해'라는 공연을 함께 하기도 했다. 이제 지역 청소년들에게 MG 밴드와 아이들의 영향력은 점점 커지고 있다.

청소년기의 아이들은 대부분 끈끈한 친구 관계로 모두 연결되어 있기 때문에, 한 아이가 변하면 그 영향력은 매우 크다. 한 예로, 문제아였던 한 아이가 마음을 잡은 후 이 아이의 영향력이 학교를 완전히 바꿔 버렸다. 학교에서 문제가 발생하면 중간에서 조정자 역할을 하기도 하는데, 선생님 말씀을 안 듣는 아이들도 이 아이의 말에는 순순히 응한다.

음악에 제대로 중독된 아이들은 음악적 재능을 살려 관련 대학에도 진학하고, 사회에서도 자기의 역할을 찾아 냈다. 이제 아이들은 자살 예방 행동 포럼의 '라이프 콘서트'에도 참여해 청소년들에게 강연도 한다. 보컬 한빈이는 강연에서 "'나는 괜찮은 사람'이라는 것을 잊지만 않는다면 어떤 어려움도 이겨낼 수 있다."라고 말하며 자신의 경험을 나눈다. 인생의 추운 날들은 따뜻한 봄날을 맞기 위한 여정일 뿐이라고 자신 있게 말한다. 한빈이는 "언젠가 사람들에게 위로가 되는 말을 할 수 있는 어른이 되는 것이 꿈이었는데, 그 꿈이 이루어졌다."라고 고백하기도 했다.

MG 밴드는 2014년 7월 가수 김장훈 씨와 함께 자신들도 한때 거쳐갔던 인천지방법원에서 후배들을 위해 공연을 하기도 했다. 인천지방법원 소년부 판사님들이 아이들의 대학 합격 소식을 듣고 기뻐하며 장학금을 마련해주기 위해 마련한 콘서트였다. 그날 3백 석이나 되는 자리가 모자라, 복도까지 1백여 명의 관객들이 들어 찼다. 공연이 계속되자 인천 지법 판사님들도 자리에서 일어나 리듬을 타며 콘서트를 즐겼다.

이날 김장훈 씨는 흔쾌히 도움의 손길을 내밀며 출연료를 받지 않고 공연에 참여해 주었다. 그리고 위기의 청소년들과 위기를 잘 극복하고 훌륭하게 자라 준 MG 밴드에 대한 애정 어린 조언도 아끼지 않았다. 김장훈 씨는 아버지가 안 계셨던 청소년 시절, 방황하며 힘들었던 자신의 이야기를 들려주고, 고등학교 2학년 때 술을 마시고 도박하다가 퇴학당한 경험도 털어놓았다. 자신도 힘든 청소년기를 겪으면서 음악으로 아픔을 치유하고 꿈을 이루었기에, 이날 참석한 모든 아이들과 MG 밴드와 깊은 공감대를 형성할 수 있었다.

또 MG 밴드는 2015년 1월 여의도 국회에서 열린 '위기 청소년을 위한 토크 콘서트'에도 출연해 공연도 하고 자신들의 이야기도 나누었다. 위기청소년들에게 Second Chance를 주자는 내용을 사람들에게 전하

© 2012, 락앤락페스티벌

는 자리였다. MG밴드는 위기의 아이들에게 기회를 주고 기다려 준다면 아이들이 행복바이러스의 삶으로 변화될 수 있다는 사실을 이야기했다. 자신들과 똑같은 상처를 지녔던 아이들이 무대를 빛내며 열정을 다하는 모습을 보고 또 다른 '위기의 아이들'도 마음이 뜨거워졌다. 이후 위기 청소년을 위한 토크 콘서트는 의왕, 과천, 수원, 인천 등 다른 여러 지역에서도 열렸다.

그리고 같은 해에는 마약 중독에 시달리는 캄보디아 청소년들을 위한 치유 콘서트도 열었다. 그곳에는 너무나 가난한 아이들이 마약에 빠져 있었다. MG 밴드 아이들은 한두 가지 악기 연주만으로도 아이들이 몰려들어 환호하며 행복해하는 모습을 보면서 자신들이 누군가를 도울 수 있다는 사실에 마음이 뭉클했다고 말했다. 그리고 그 아이들에게 음악을 가르쳐 주고 싶은 소망도 생겼다.

MG 밴드는 자신들이 치유되고 회복될 때까지 조건 없이 받은 사랑을 이제는 널리 나누고 있다. MG 밴드 아이들은 위기 청소년 대상 프로그램에서 인기 강사이며 멘토이기도 하다. 학교 부적응 학생들을 위한 단기 교육 프로그램에서 음악을 가르치며 멘토 역할을 한다. '세품아'와 CJ 문화재단이 함께하는 보호 관찰 청소년 대상 '드림 스쿨'에서도 멘토와 강사로 활동한다. 소년원 아이들에게도 음악을 가르치고 지역 청소년 수련관 소속 음악 동아리도 이끈다. 아이들은 의미 있는 공연 자리라면 어디든지 달려간다. 아이들은 강연자로, 멘토로, 강사로,

자원 봉사자로 아낌없이 사랑을 나누어 주고 있다.

'세품아' 1세대인 진석이는 캄보디아에서 한류 스타가 됐다. 진석이는 현지 청소년 문화 센터에서 아이들에게 노래와 춤을 가르치는데, 수강생이 스무 명이나 된다. 애초 1개월을 작정하고 가서는 반 년 동안이나 머물고 있다. 이제 우리는 아이들이 문제를 일으킨다고 해서 그 아이들을 세상의 바이러스라고 함부로 단정하지 말았으면 좋겠다. 그 아이들은 세상의 행복 바이러스가 될 수 있는 아이들이다.

아쇼카 펠로우와

함께 걷는 길

"체인지 메이커란
문제로 인해 낙심하지 않고 문제 속에서 꿈을 꾸며
그 꿈을 현실로 만들어 가는 사람이다."

1

사회혁신 기업가

아쇼카 펠로우

'아쇼카 펠로우(Ashoka Fellow)'란, 국제 조직인 '아쇼카'가 선정한 '사회혁신기업가(Social Entrepreneur)'를 말한다. 사회혁신기업가는 아쇼카 창립자인 빌 드레이튼(Bill Drayton)이 처음 제시한 개념으로, 비즈니스 분야에서 '앙터프리너(Entrepreneur)'로 불리는 혁신가들이 있는 것처럼, 사회적으로도 사회 문제를 새로운 관점으로 바라보고 반짝이는 아이디어로 새로운 해결책을 내는 혁신적인 사람들이 존재한다는 발상에서 비롯되었다. 즉, 사회혁신기업가는 사회가 어디로 가야 하는지 방향을 바로 보고 깊이 연구하여 실질적으로 변화를 일구는 행동을 하는 사람을 의미한다.

빌 드레이튼은 세상의 흐름을 바꾸는, 작지만 새로운 발상을 높이 평가하고 그 가능성에 주목했다. 그는 사회 속에서 강력한 힘을 발휘할 작지만 소중한 아이디어와 앙터프리너의 결합에 큰 의미를 두고, 사회혁신기업가라는 개념을 제시했고, 이들을 선정하고 실질적으로 지원하는 '아쇼카'를 설립하였다. 아쇼카는 지금까지 35년간 70여 개국에서 활동하며 3천여 명의 지도자들을 지원하고 있다.

빌 드레이튼이 추구하는 세상은, 평화의 세상을 위해 모두가 함께 애쓰는 세상, 공감과 이해, 윤리의 덕목이 가장 소중한 세상, 바로 옆에 있는 사람들을 소중히 여기는 세상이다.

또한 빌 드레이튼이 말하는 사회적 기업은 경제적 가치와 이윤이 아

국내에서 '소셜 앙터프리너'는 '사회적 기업가'로 번역된다. '사회적 기업가'라고 하면 '사회적 목적을 추구하면서 영업 활동을 하는 기업가'가 떠오른다. 하지만 아쇼카 펠로우들은 경제적 이윤을 추구하는 기업가가 아니라, '사회 문제에 기업가 정신을 발휘해 기업가처럼 혁신을 일으켜 문제를 해결하는 사람'이다. 따라서 '사회혁신기업가'라는 번역이 더 적합하다.

아쇼카 펠로우의 선정 기준은 다섯 가지다. 새로운 아이디어, 창의성, 기업가적 자질, 아이디어의 사회적 임팩트, 그리고 윤리적 소양이다. 아쇼카 펠로우의 선정은 최소 4개월에서 8개월간 까다로운 심사와 세심한 진행 과정을 거쳐 이루어진다. 이런 철저한 선정 과정이 아쇼카 펠로우에 대한 사회적인 신뢰를 준다.

니라 사회적 가치에 집중하며 사회적 책임을 다하는 것을 당연하게 여기는 기업이며, 주위의 모든 이가 성공을 이룰 때 비로소 성공하는 기업이다.

아쇼카는 산스크리트어로 '슬픔이 없는'이라는 뜻으로, 2천 3백여 년 전 인도 아쇼카 황제의 이름에서 유래됐다. 형제를 죽이고 왕위에 올랐던 그는 인도 북부에 평화의 제국을 세웠지만, 그 제국은 황제가 죽은 이후 50년 밖에 유지되지 못했다. 그러나 평화를 향한 그의 염원은 이후 20세기 빌 드레이튼을 통해 아쇼카라는 국제 단체로 이어졌다. 이제 아쇼카라는 이름은 슬픔 없는 평화의 세상을 꿈꾸는 많은 사람들의 마음에 자리 잡았다.

아쇼카 펠로우들의 다양한 행보는 슬픔 없는 평화의 세상을 만드는데 얼마나 도움이 되고 있을까? 정말로 그러한 세상은 만들어질 수 있을까? 슬픔 없는 세상을 만들겠다는 유토피아적 희망에 많은 이들이 동참할수록 그 가능성은 커질 것이다.

세계의 아쇼카 펠로우들

세계의 많은 아쇼카 펠로우들은 '내 옆의 한 사람'이 가진 슬픔을 없애주고자 작은 사랑과 소망을 품고 내딛었던 자신의 작은 한 걸음이 어느덧 싹을 틔우고 열매를 맺는 광경을 목격한다. 슬픔 없는 세상을 꿈꾸는 많은 이들이 그 발걸음에 동참하여 이루어지는 일들이다.

인도의 아동 인권 운동가 카일라시 사티아르티(Kailash Satyarthi)는 아동 노동 없이 생산되는 카펫에 '러그 마크(Rug Mark, '굿 위브 마크'의 전신)'라는 인증 마크를 붙이는 획기적인 아이디어로 아이들이 노동에서 벗어나는 데 크게 기여했다. 어린 아이들이 학교에도 가지 못하고 오랜 시간 동안 카펫을 만드는 노동에 시달리는 것을 보고, 1983년 '어린 시절 살리기' 운동을 벌인 것이 계기가 됐다.

노벨상 수상자이기도 한 그는 현재 140여 개국, 2천여 개 시민 단체와 노동조합의 협의체인 '아동노동반대 국제행진(Global March Against Child Labor, GMACL)'의 의장을 맡고 있다. 최근 10년간 그의 혁신적인 전략으로 남아시아 지역의 아동 노동이 70퍼센트나 감소됐으며, 1백만 명의 노동자들이 해방됐다.

미국의 웬디 콥(Wendy Kopp)은 빈민가와 농촌 지역 학생들의 학업 성취도가 부유한 지역에 비해 현저히 떨어지고, 아프리카와 라틴계 학생들은 졸업 후에도 저소득층이 될 확률이 백인 학생에 비해 세 배나 높은 현실을 외면할 수 없었다.

웬디는 대학 졸업 논문에서 우수한 대학 졸업생을 저소득층 지역의 학교로 2년간 파견하는 프로그램을 구상했다. 그리고 1990년, '티치 포 아메리카(Teach for America)'라는 이름으로 이를 현실화했다. 티치 포 아메리카는 첫 해에 5백 명의 교사를 모집하는 데 2천5백 명이 지원을

© 2012, 몽골 힐링캠프

세계의 많은 아쇼카 펠로우들은 '내 옆의 한 사람'이 가진 슬픔을 없애 주고자 작은 사랑과 소망을 품고 내딛었던 자신의 작은 한 걸음이 어느덧 싹을 틔우고 열매를 맺는 광경을 목격한다.

하며 많은 관심을 끌었다. 돈보다 의미 있는 일을 하려는 청년들의 수가 웬디의 예상을 훨씬 뛰어넘었다. 의욕 충만한 청년 교사들은 자신이 가르치는 아이들의 학업 성취도를 높이기 위해 열정을 쏟았다. '티치 포 아메리카'에서 파견한 이들 신입 교사들은 일반 교사가 13년간 이룬 것을 19개월 만에 이뤄 냈다.

방글라데시의 무함마드 유누스(Muhammad Yunus) 교수는 1973년 20여 달러 때문에 고리대금업자들에게 착취당하며 노예처럼 시달리는 가난한 이들에게 자신의 돈을 빌려 준 것이 계기가 되어 최초의 무담보 소액 대출 전문 은행인 '그라민(Grameen) 은행'을 설립했다. 그는 '극빈층을 위한 무담보 소액 대출'이라는 단순한 발상으로 전 세계 여러 기관에 영감을 주어 2006년 노벨 평화상을 받기도 했다.

한평생 의사를 만나본 적도 없는 이들을 진료하기 위해 오지를 다니는 브라질 '건강과 행복' 병원선의 에우제니우 스카나비누. 그는 1백 개의 마을에 의사는 단 한 명이고 기생충 등 단순한 질병으로 인한 사망률이 심각하게 높은 마을에서 하루에 1백 여명의 환자를 돌보며 심각한 위생과 건강 문제들은 공동체의 문화, 경제, 역사 등 다양한 요인이 얽혀 발생한다는 것을 알았다. 그는 진료와 함께 손 씻기같은 기본적인 보건 교육을 실시하는 한편, 관련된 여러 전문가들이 다 함께 공동체 전반을 발전시키려는 노력을 기울이도록 앞장섰다.

깊은 삼림 속 오지까지 갈 수 있는 '건강과 행복' 병원선에는 의료는 물론 지역 사회 조직, 삼림 경제, 교육, 문화, 커뮤니케이션 등 다양한 분야의 전문가들이 함께 탄다. 그들은 서로 협력하며 배우고 보완하며 공동체를 변화시킨다.

칠레의 줄리안 유가트(Julian Vgarte)는 사회 혁신을 칠레 사회의 핵심 논제로 끌어올리고 싶어 '소셜랩(Socialab)'을 설립했다. 그리고 젊은 세대가 기존의 체제에 갇히지 않고 스스로 문제의 해결사가 될 수 있는 생태계를 구축하기 위해 다양한 방법을 시도했다.

소셜랩은 대규모 아이디어 콘테스트를 열어 청년들이 다양한 솔루션을 제시할 수 있는 장을 마련했고, 이로써 사회 혁신의 개념을 대중에게 전파하는 데도 성공했다. 대중이 투표하는 이 콘테스트에 5만 명의 청년들이 참가했으며, 칠레 전역에 사회 혁신 열풍을 몰고 왔다. 소셜랩은 이들 청년들의 멘토링과 네트워크를 지원하며 그들의 아이디어를 현실에 적용하도록 독려한다. 오프라인 공간, 온라인 플랫폼, 그리고 비용 등을 지원하는 이 소셜랩은 얼마 지나지 않아, 사회혁신가들이 머리를 맞대고 사회 문제의 해결책을 실행할 수 있는 중요한 발판이 되었다.

이처럼 뛰어난 사회혁신기업가는 강력한 비전과 창의성과 의지를 가지고, 그 모든 역량을 사회 문제에 대한 새로운 해결책을 제시하는 데 쏟아 붓는다.

한국의 아쇼카 펠로우들

아쇼카는 해마다 사회의 시스템을 변화시킬 만한 혁신적인 아이디어를 실행해 나가는 과정에서 결정적인 도약 단계에 이른 사회혁신기업가를 아쇼카 펠로우로 선정해 지원한다.

우리나라도 2013년부터 여기에 동참하고 있는데, 나는 2014년에 '세품아'를 대표해서 정혜신 박사와 함께 아쇼카 펠로우로 선정됐다. 정혜신 박사는 세월호 참사 뒤 안산으로 이주해 '치유 공간 이웃'이라는 치유 공동체를 마련해 활동하고 있다.

2015년에는 '사교육걱정없는세상' 송인수 공동 대표와 '여명학교' 조명숙 교감이 선정되었고, 2013년에는 '제주 올레' 서명숙 이사장, '인폴루션 제로'의 박유현 대표가 아쇼카 펠로우로, 김종기 '청소년폭력예방재단' 이사장이 아쇼카 시니어 펠로우로 선정됐다.

송인수 펠로우는 지난 40년간 입시 경쟁과 사교육으로 왜곡된 한국 교육을 시민들 스스로가 재건하도록 힘을 쏟고 있다. 그는 대한민국 최

© 2015, 아쇼카 한국 체인지메이커 커뮤니티 연례행사

© 2015, 아쇼카 한국 펠로우 워크샵

대 난제로 여겨지는 입시 교육과 그 그림자라고 할 수 있는 사교육 과열이라는 거대한 문제에 정면으로 도전하는 최초의 시민 운동을 시작했다. 이를 통해 제도의 변화뿐 아니라 그와 연결된 잘못된 의식과 관행들을 변혁시키는 통합적인 접근을 하며 문제를 근본적으로 풀어가고 있다.

북한 이탈주민들은 더 나은 삶을 찾아 한국에 이주했지만, 정글 같은 낯선 삶의 현장을 안내자도 없이 마주해야 한다. 국경을 넘고 대륙을 횡단하는 탈북 여정은 수개월에서 수년에 걸쳐 지속되는데, 이 과정에서 쉽사리 치유되기 어려운 정신적 트라우마가 남는다. 그러나 이를 치유할 시간도 없이 경쟁이 치열한 한국 사회에 내던져진 북한 이탈주민들은 생활고를 비롯한 갖은 어려움에 시달리며, 때문에 이들의 자살률과 자퇴율이 기형적으로 높은 실정이다. 조명숙 펠로우는 북한 이탈청소년을 한국 사회의 건강한 시민으로 길러 낼 수 있는 새로운 교육모델을 제시한다.

김종기 펠로우는 지난 18년 동안 한국 교육의 주요 관계자들이 학교폭력 문제를 사회 구조적인 문제로 인식하고 문제를 해결하는 주체로 행동할 수 있도록 노력해 왔다. 그는 청소년폭력예방재단을 설립하고 예방부터 치유까지 문제 해결에 필요한 모든 단계에서 체계적으로 이들이 참여할 수 있는 방법들을 정립해 나가고 있다.

박유현 펠로우는 아이들의 눈높이에 맞는 재미있고 상호적인 교육 활동을 통해 아이들이 자신감과 공감 능력을 키워 타인을 존중할 줄 알고 분별력이 있는 디지털 시민으로 자라나도록 돕고 있다.

제주 올레 대표 서명숙 펠로우는 대도시 이외의 지역에서 시민의 자발적 참여를 통해 문화적 · 경제적 변화의 기회를 만들어 내고 있다. 일반 시민들이 힘을 모아 마을을 지나는 길을 만듦으로써 지역 주민과 관광객 모두가 지금까지 알려지지 않았던 자연 자원과 지역 사회를 새롭게 발견하고, 단순한 관광을 넘어서 지역 주민과 관광객 간의 연계와 교류가 가능하게 한다.

키워드는 공감

'세품아'는 위기 청소년들에게 창의적인 문화 예술 교육에 기반한 치유 솔루션을 제공함으로써, 청소년 재범률을 획기적으로 낮추었다. 정혜신 박사는 한국 사회 전반의 높은 자살률을 획기적으로 낮출 수 있는 새로운 아이디어와 시스템을 창안했다. 정혜신 펠로우는 2013년부터 서울시 정신 건강 증진 사업으로 '누구에게나 엄마가 필요하다' 프로그램을 이끌고 있고, 세월호 트라우마를 겪고 있는 이들을 대상으로 치유 프로젝트도 진행하고 있다.

정신과 의사인 정혜신 펠로우는 국가 폭력에 의한 고문 피해자나 집단 해고 노동자 및 그 가족들의 외상후 증후군을 10여 년간 상담하는 과정에서 중요한 원리를 발견했다고 한다. 극심한 심리적 내상을 겪었던 사람들은 타인의 심리적 고통에 더 민감하고 더 깊게 공감할 수 있기에 훌륭한 치유자, 즉 '상처입은 치유자(wounded healer)'의 역할을 감당할 수 있다. 정혜신 펠로우는 사실상 상처없는 사람은 없으므로 모든 사람이 '상처 입은 치유자'가 될 수 있다고 말한다. 이러한 '상처 입은 치유자' 개념은 '세품아' 원리와도 일맥 상통한다.

우리의 공통점을 한 단어로 표현하자면, '공감'이다. 내가 위기 청소년들에게 가장 적합한 그룹 홈 모델을 만들어 낼 수 있었던 것도 나의 유년 시절의 경험을 통해 아이들의 아픔에 공감할 수 있었기 때문이다. '세품아'는 선생님들이 위기 청소년과 가족처럼 지내며 서로 깊이 공감하는 것을 중요하게 생각한다. 치유된 위기 청소년들도 같은 공감의 원리로 또 다른 위기 청소년들에게 긍정적인 영향을 미칠 수 있었다.

정혜신 펠로우의 핵심 원리 역시 '공감'이다. 정혜신 펠로우는 한국의 근대사 속에서 우리가 겪은 여러 트라우마가 사회의 회복을 위한 자산으로 다시 작용하도록 돕는다. 트라우마를 겪었던 사람들은 지금 트라우마로 고통 받고 있는 또 다른 사람들의 아픔에 공감하여 이들의 치유를 돕고자 하는 자발적인 에너지가 생기게 마련이다. 이것은 공공 기관이나 전문가 집단의 자원으로는 충족시킬 수 없는 '공감의 영역'으로서 사회적 회복에 매우 유용한 자산이 될 수 있다.

아쇼카는 이러한 사회혁신기업가들을 우리 사회의 새로운 역할 모델로 제시하는 한편, 궁극적으로는 모두가 체인지 메이커가 되는 사회를 지향한다. 사회 문제의 해결은 어떤 뛰어난 한 사람이 아니라 모두가 '체인지 메이커'가 될 때 가능하다고 보기 때문이다.

2

체인지 메이커

모두가 체인지 메이커인 세상

아쇼카는 모두가 체인지 메이커로서의 역량을 발휘하여 급변하는 현대 사회의 복잡한 문제들을 다 함께 해결하는 '모두가 체인지 메이커(Everyone A Changemaker)'인 세상을 꿈꾼다.

그것을 위해 아쇼카는 롤모델이 되는 사회혁신기업가들을 지원한다. 그리고 사회혁신기업가들은 급격히 변화하는 환경에 유연하게 대처할 수 있도록 다른 많은 체인지 메이커들과 협력한다. 아쇼카는 누구라도 공감, 팀워크, 리더십, 체인지 메이킹 스킬 같은 중요한 자질들을 배우고 적용할 수 있다고 믿는다.

오늘날 세상은 급속도로 변화하고 있다. 변화의 소용돌이가 너무나도 거센 나머지, 기존의 획일적인 규칙과 틀로는 해결할 수 없는 문제들이 사회 곳곳에서 발생한다. 이처럼 한 치 앞도 예상할 수 없는 세상 속에서 새롭게 발생하는 문제에 재빠르게 대응하기 위해서는 소수의 리더나 전문 단체뿐만 아니라 사회 구성원 모두가 변화와 문제 해결의 주체, 즉 체인지 메이커가 되어야 한다는 것이 아쇼카의 생각이다. 한 사람, 한 사람이 변화의 주체가 될 때 급변하는 시대를 헤쳐 나갈 수 있다.

한마디로, 아쇼카는 체인지 메이커 사회를 만들기 위해 혁신하고 협력하는 이들의 글로벌 네트워크다. 체인지 메이커 사회는 사회 구성원 한 사람 한 사람이 변화의 주체가 될 수 있다는 신념을 바탕으로, 모두가 자유롭게 사회 문제를 해결해 나감으로써 급변하는 사회의 다양한 난제들에 빠르고 효과적으로 대응한다. 더 나은 해결 방법을 구상하는 창의성, 다른 이들과 함께 고민하는 팀워크, 새로운 방향을 제시하는 리더십, 효과적인 전략을 수립하는 논리적 사고, 과거에 대한 역사적 인식, 사회의 부조리 및 타인의 고통에 마음 깊이 공감하고 이를 개선하기 위해 행동할 수 있는 결단력 등, 사회 구성원 모두가 이러한 능력을 골고루 갖춘 세상이 바로 아쇼카가 꿈꾸는 모두가 체인지 메이커인 세상이다.

아쇼카는 다음 세 가지 전략을 통해 이러한 체인지 메이커 사회를 만들어 가고 있다.

첫째, 아쇼카는 사회 시스템을 변화시킬 잠재력이 있는 사회혁신기업가를 발굴하고 그들의 영향력을 극대화하기 위해 다양한 지원을 한다. 사회혁신기업가는 체인지 메이커 사회의 롤 모델이자 '시민 섹터(Citizen Sector)'의 원동력이기 때문이다.

둘째, 아쇼카는 뛰어난 사회혁신기업가들간의 네트워크와 커뮤니티 형성을 돕는다. 사회혁신기업가는 협력과 교류를 통해 영향력을 확산하고 증대시킬 수 있기 때문이다.

셋째, 시민 섹터의 새로운 인프라를 구축한다. 아쇼카는 기업과 시민 섹터 간의 경계를 허물고, 청소년들이 체인지 메이킹을 연습할 수 있도록 하는 한편, 사회혁신기업가의 성장에 필요한 새로운 자본 투자 방식을 개발하는 등 체인지 메이커 사회에 걸맞는 새로운 시스템과 철학을 제시한다.

–아쇼카 한국 제공

자신의 변화를 넘어 세상의 변화를

아쇼카는 모든 사람이 체인지 메이커가 되는 세상을 꿈꾼다. 여기서 중요한 것은 모든 사람이다. 사람들은 변화를 만들어 내고 변화를 이끄는 사람들에게는 무언가 특별한 것이 있을 것이라 생각한다. 그리고 사람

© 2015, 아쇼카 한국 체인지메이커 커뮤니티 연례행사

모두가 체인지 메이커가 되는 세상이 아쇼카의 꿈이다. 그리고 우리 아이들이 세상의 체인지 메이커가 되는 것은 '세품아'의 꿈이다.

들은 어떤 사람들에 대해서는 편견을 가지고 '저 사람은 절대로 변화를 일으킬 수 없어. 저 사람은 단지 변화의 대상이야.'라고 생각한다. 변화의 대상이지 변화를 일으킬 수 있는 사람은 아니라고 여겨지던 아이들이 바로 우리 아이들이었다. 우리 아이들은 변화시켜야 할 대상이었을 뿐이었고 도움이 필요한 아이들이었을 뿐이다. 그것이 사람들의 생각이었다. 그리고 그저 저 아이들은 문제만 일으키지 않으면 된다는 것이 사람들의 생각이었다. 그런데 그 아이들이 지금 서서히 체인지 메이커로서의 새로운 삶을 시작했다.

자신의 변화를 넘어 이제는 다른 사람의 변화, 세상의 변화를 위해 자신의 자리에서 일어섰다. 체인지 메이커로서 아이들의 삶이 시작됐다. 바이러스였던 삶을 마감하고 행복 바이러스가 되는 삶을 시작했다.

모두가 체인지 메이커가 되는 세상이 아쇼카의 꿈이다.

그리고 우리 아이들이 세상의 체인지 메이커가 되는 것은 '세품아'의 꿈이다.

3

아이들이 체인지 메이커가 되는 세상을 꿈꾸며

좋은 아저씨에서 체인지 메이커로

이제 내 얼굴이 점점 더 많은 사람들에게 알려지고 있다. 많은 사람들이 나를 기대에 찬 눈으로 바라본다. 내가 아쇼카 펠로우로 선정되었다는 사실이 언론에 보도되면서 더 많은 사람들이 나를 알아본다. 나는 이 상황이 많이 어색하고 두렵고 부담스럽다.

사람들은 나에게 언제부터 청소년을 세우는 비전을 갖게 되었냐고 묻는다. 그러면 나는 늘 똑같은 대답을 한다. "저는 청소년을 세우겠다는 비전을 품고 이 일을 시작하지 않았습니다. 저는 청소년에 대해 특별한 관심이 없었습니다."

한 아이를 외면할 수 없었던 목회자의 양심에서 이 일이 시작되었다. 세상이 손가락질하는 문제아들과 함께 먹고 자기 시작하면서 이 일이 시작되었다. 아이들의 삶 속에 있는 엄청난 상처와 아픔을 보면서부터 이 일이 시작되었다.

길거리에서 만나면 피해가고 싶던 아이들이 그토록 아픈 아이들인 줄 몰랐다. 아이들의 아픔과 상처들을 보게 되면서 이 아이들이 조금만 덜 아팠으면 하는 생각이 간절했다. 이 아이들이 아픔에서 벗어나 정말 아이다운 모습으로 살아가는 모습을 보고 싶었다.

이 일을 시작한 이후로 나는 날마다 아이들이 벌여 놓은 문제들을 처리하는 데 대부분의 시간을 보냈다. 학교 징계 위원회로, 경찰서로, 법원으로, 정신 병원으로, 소년원으로 다녔다. 내 삶의 패턴이 완전히 달라졌다. 일반적인 목사들의 삶과 전혀 다른 삶이 내 앞에 펼쳐졌다.

날마다 아이들이 벌여 놓은 문제들과 씨름했다. 수많은 실패를 경험했다. 깊은 우울증을 앓기도 했다. 그렇게 시간이 흘러 나는 지금 청소년 전문가로 불린다.

어느 날 한 학자가 '세품아'를 찾아왔다. 그 학자는 내가 발견한 원리들을 구조적으로 정리해 청소년 문제의 해결을 위한 하나의 솔루션으로 정리해 냈다. 그리고 지금까지 '세품아'에서 일어난 기적과 같은 일들이 부천에만 머물러서는 안 된다고 바람을 넣었다. 그리고 또 한 사람을 만났다. 나보다 한참 먼저 청소년들을 돌보기 시작한 분이었다. 첫 만남에서부터 많은 이야기를 나누었다. 그리고 첫 만남이 정리되어 가던 시점에 그는 내게 무서운 말을 던졌다. "이제 좋은 아저씨를 그만 두셔야 합니다."

바로 카톨릭대 라준영 교수님과 '들꽃청소년세상' 김현수 목사님이 나를 또 다른 차원의 삶으로 나아가도록 도전했다. 좋은 아저씨에서 체인지 메이커의 삶으로, 동네 말썽꾸러기를 돌보던 아저씨에서 청소년 문제를 해결하기 위해 씨름하는 삶으로 말이다.

그 이후로 나는 내가 살고 있는 부천을 넘어서 많은 아픔 속에서 비행 청소년이라는 낙인이 찍힌 채 살아가는 아이들의 문제를 해결하기 위해 뛰었다. 그렇게 뛰다 보니 아쇼카 펠로우가 되었다. 아쇼카 펠로우가 된 것은 개인적으로 큰 영광이다. 그러나 한편으로는 큰 짐이며 부담이기도 하다. 그럼에도 그 짐과 부담을 외면하지 않고 기쁘게 지려고 한다.

지금까지 나는 내가 의도하지 않은 삶을 살아 왔다. 앞으로도 그럴 것 같다. 언론과 인터뷰를 할 때마다 꼭 듣는 질문이 있다. "이 일을 그만두고 싶을 때는 없으셨나요?" 그러면 나는 이렇게 대답한다. "1주일에 몇 번씩 그런 생각이 든답니다." 정말이다. 앞으로도 그럴 것 같다. 그러나 걱정하지 않는다. 지금까지 나를 이끄신 분이 계속 나를 붙들어 주실 것이기 때문이다. 나와 함께하는 헌신되고 유능한 스텝들이 있기 때문이다. 그리고 나를 응원하는 많은 분들이 있기 때문이다.

비행 청소년이라 불리며 세상의 손가락질을 받는 아이들이 세상의 희망으로 자라나는 모습을 꼭 보고 싶다. 선택할 수 없는 환경 속에서 일그러진 삶을 살게 된 아이들에게 스스로 자신의 인생을 선택할 수 있는 기회를 꼭 주고 싶다. 마른 뼈 같이 죽어 있던 아이들이 살아나 세상을 변화시키는 체인지 메이커가 되는 것을 꼭 보고 싶다. 아이들이 체인지 메이커가 되는 삶을 살게 하기 위해 내가 작은 비빌 언덕이 되고 싶다.

나는 아이들의 아픔을 본 후 아이들을 사랑하게 되었다. 그렇게 아이들에게 좋은 아저씨가 되어 함께하던 중 아이들이 한 명 두 명 변화되었다. 누군가가 나를 위기 청소년 전문가라고 불렀다. 그렇다면 전문성이란 바로 사랑일 것이다. 진정성이 있으면 변화는 일어난다.

좋은 아저씨는 혼자 열심히 헌신하고 희생한다. 그러나 시스템을 바꾸지는 못한다. 문제가 지속되는 것은 시스템의 문제다. 시스템을 바꾸는 것은 혼자 힘으로 되지 않는다. 파트너십을 맺고 함께 일하는 법을 배워야 한다. 법원, 정치인, 법무부, 지역 사회, 기업과 힘을 합쳤다. 토크 콘서트 '세컨드 찬스(Second Chance)'는 그 열매의 하나다. 지속 가능한 변화를 위해 '세품아'도 기업이라는 모습을 취했다. 그러나 변화의 핵심은 사람이다. 시스템을 변화시키는 것은 사람이다. 그러므로 시스템의 변화도 중요하지만, 그 시스템을 움직이는 사람이 더 중요하다.

새로운 생각과 파트너십의 힘

좋은 아저씨는 몇몇 사람에게 감동을 줄 수 있다. 그리고 몇몇 사람에게 실제적인 도움을 줄 수 있다. 그러나 사회가 가진 공통의 문제를 해결하는 데는 좋은 아저씨만으로는 안 된다. 좋은 아저씨는 문제를 보며 가슴 아파한다. 어떻게든 그 문제를 해결하기 위해 몸부림 친다. 사랑과 헌신, 사명감과 열정으로 그 문제를 해결해 나간다. 그러나 좋은 아저씨는 극히 일부분만을 해결할 수 있다.

체인지 메이커는 다르다. 체인지 메이커는 문제가 단순히 내가 살고 있는 곳, 내 주변에서만 일어나고 있는 일이 아니라는 사실을 안다. 그리고 이 문제가 반복되고 있다면 이것이 시스템의 문제임을 안다. 시스템을 바꾸기 위해서는, 한 사람의 힘으로는 불가능하다.

한 사람이 가진 힘은 제한적이다. 그 힘으로 할 수 있는 일 역시 제한적이다. 그러나 사람들이 모이면 달라진다. 똑같은 위기 청소년의 문제를 가지고 고민하는 사람들이 있다. 정치가, 판사, 목사가 있다. 이 사람들은 자신의 자리에서 최선을 다해 청소년들을 도우려고 한다. 그러나 분명한 것은 세 사람 다 약간의 차이가 있다는 것이다. 그 차이가 함께 일하는 데 방해가 될 수 있다. 그러나 반대로 그 차이가 엄청난 힘이 될 수 있다. 이 힘을 모을 수 있다면 엄청난 힘이 될 것이다. 그런데 이 힘을 모으기 위해서는 사소한 것 같지만 결정적인 것이 있다. 바로 순수함이다. 사람은 다 자기가 직접 주도하기를 원하고 자신이 중심에 서기를 원한다. 그리고 하고자 하는 일에서 자신의 목적을 성취하고 싶어 한다.

사심 없는 행동이 이 모든 것을 하나 되게 할 수 있다. 체인지 메이커의 보이지 않는 힘이다. 아쇼카의 위대함은 사람에게 초점이 맞추어져 있다는 것이다. 사람들의 파트너십을 통해 그 일을 이룬다.

© 2012, 몽골 힐링캠프

작은 밀알 하나의 가치

"밀알들이 땅에 심기고 누군가 물을 주면
싹이 트고 열매를 맺기 시작한다."

1

다시 시작이다

죽을 수밖에 없을 것 같던 순간

위기 청소년들의 이야기를 남의 일로 치부할 수 없었던 것은 나 또한 위태로운 청소년 시절을 보냈기 때문이다. 나는 위기 청소년들의 삶 속에서 어릴 적 상처 입고 방황하던 내 모습을 보았고, 어느 순간 이 아이들과 함께하는 것이 내 운명이란 사실을 깨달았다.

나의 아버지는 배운 것도 물려 받은 것도 없이 성실하기만 한 가난한 농부였다. 내가 어릴적엔 강원도 양구 산골마을 작은 집에서 8남매가 함께 살았다. 그러다가 초등학교를 졸업하고 돈 벌러 떠난 누나들을 따라 우리 가족은 내가 초등학교 3학년 때 인천으로 이사했다.

중학교 1학년 때 비가 억수같이 오는데 차비가 없어 버스로 40분 거리를 걸었던 기억이 난다. 찢어진 우산을 쓰고 정류장에서 기다리는 늙고 초라한 아버지가 너무 싫어 그냥 지나쳤다. 그때 나는 가난 때문에 늘 분노에 차 있었다.

간경화로 피를 토하던 아버지는 내가 고등학교 3학년 때 결국 돌아가셨다. 착한 아버지는 소처럼 열심히 일하며 살았는데 왜 가난에서 헤어나지 못했을까. 나는 대학에 입학한 후 온갖 집회와 시위 현장에 뛰어들었다. '아버지의 이름으로' 세상을 바꿔야 한다고 생각했다.

나는 어릴 적 가난한데다가 식구는 많은 가정에서 자라서인지 어디에 내놔도 살아남는 야성 같은 게 있었다. 대학 시절 갑자기 어머니가 중풍으로 쓰러지신 적이 있었다. 병원비를 마련해야 해서 막노동을 시작했다. 매일 험하게 일해도 병원비는 모자랐고, 돈을 더 벌기 위해 너무 열심히 일한 나머지 1년이 채 되지 않아 기공이 되었다. 그때는 어떻게든 살아야 하니까 무슨 일이 닥치면 가진 게 없으니 무조건 열심히 했다. 그렇게 세상을 살아가다 보니 인생에 자신감이 생기기 시작했다. 그래서 세상에서 뭔가를 이루고 싶다는 큰 꿈도 꾸게 되었다.

학생 운동, 구속, 대학 중퇴, 노래패 활동 등으로 20대를 보내고 나서 서울에서 문화 예술 활동을 하다가 생계를 위해 음향 회사를 차렸다. 어린 나이에 사업을 시작하고 아무것도 없는 상태에서 사업을 일구어 나갔는데 그 일이 어느 정도 자리를 잡기 시작했다.

그런데 시간이 지날수록 나를 비롯한 세상을 바꾸겠다는 사람들의 모습에서 여러 모순점을 발견하며 갈등했다. 그리고 그렇게 일에 파묻혀 지내다가 어느 날 내 모습을 보고 깜짝 놀라게 되었다. 정신을 차려 보니 나는 내가 가장 경멸했던 인간 쓰레기가 되어 있었다. 가난하고 배운 것 없어 8남매의 아버지로 고생만 하다 돌아가셨지만 거짓말은 절대 할 줄 모르셨던 아버지, 그 아버지의 사랑하는 막내아들이었던 내가 어느 날부터 정직하지 않은 삶을 살고 있었다. 참을 수가 없었다.

아버지는 무슨 일이 있어도 새벽 네 시가 되면 일어나 지게를 지고 나가셨다. 그리고 어떤 순간에도 거짓말을 하지 말라고 가르치셨다. "남자는 항상 정직해야 한다. 정직하지 않으면 창피하다."라는 이야기를 어려서부터 듣고 자랐다. 그런데 IMF 외환 위기가 찾아오고 사업이 어려워지면서 감당할 수 없는 여러 가지 일들이 몰려왔고, 나는 그 일들에 정직하게 대처하지 못하고 거짓말을 하며 슬슬 피하게 되었다. 나는 불리하면 배터리를 빼 버리고 전화를 안 받았다. 가난해도 떳떳하게 살겠다는 자존심은 털끝만큼도 남아 있지 않았다. 그러면서 사람들은 점점 나를 떠나갔다.

더 견딜 수 없었던 건, 나 자신이 스스로를 저주하기 시작했다는 것이다. 내가 정말 좋아하던 거래처 대리인 동생이 "이제 명사장님이 말씀하시는 건 숨소리조차도 거짓말 같아요."라고 말하는 것을 듣고 나는 환멸감에 사로잡혔다. 그리고 '이렇게 살아서 되겠는가. 이건 삶이 아니다.'라는 생각을 하게 되었다. 어느 날, 아내가 빚쟁이들 독촉 전화를 받기 싫어서 한 살짜리 작은아이를 업고 길에서 헤매고 있는데, 나는 방바닥에 누워 구석에 굴러다니는 먼지를 보면서 저 먼지가 나보다 귀하다는 생각을 했다. 나는 6개월간 끙끙 앓았다. 나를 붙들어 줄 삶의 가치, 존재의 의미를 찾을 수가 없었다. 결국 1998년 여름 제주도 앞바다에 뛰어내려 죽으려는데 누군가 어떻게 알고는 찾아와 내 소매를 붙잡았다.

세상을 품은 아이들이 될 수 있을까

절망의 구렁텅이에서 살아난 후 신학을 공부해 이전과는 다른 삶의 궤도에 들어선 나는, 부천의 한 가난한 마을에 있는 작은 교회에서 평범한 목회자의 길을 걷기 시작했다. 교회엔 아이들이 유난히 많았기에 이 아이들을 위해 무엇을 해야 하나 고민하게 되었다. 그러다가 '아이들에게 넓은 세상을 보여 주자. 아이들의 시야가 넓어지면 인생도 달라질 수 있다.'라는 생각을 했다. 가난한 아이들이 좁은 동네에 갇혀 살다 보니 큰 꿈이 없다는 게 안타까웠다. 그래서 '비전 투어'라는 해외 여행을 기획했다. 부천의 외곽 후미진 곳에 살고 있는 아이들에게 드넓은 세상을 보여 주고 싶은 간절한 마음에 무모한 도전을 했다. 이렇게 '세품아'는 2005년 아이들을 데리고 무작정 떠난 해외 여행에서부터 시작되었다. 비용은 여기저기서 지원도 받고 부모들에게도 요청해 충당해서, 아이들과 함께 거대한 중국 땅을 밟고, 일본의 전역을 돌아다녔고, 호주와 말레이시아의 원시 밀림 속 그리고 끝없이 펼쳐진 몽골의 초원을 달렸고, 한반도의 구석구석을 훑고 다녔다. 성과는 기대 이상이었다. 아이들의 표정이 훨씬 밝아지고, 더 큰 미래와 희망을 얘기하게 됐다.

입시 위주의 척박한 교육 환경과 부모님들의 과도한 교육열 속에 가려지고 숨겨졌던 아이들의 다양한 모습이 여행을 통해 드러났다. 아이들은 넓은 세상을 보며 부천의 나를 넘어 세계 속의 나로 새로워지기 시작했다. 여행을 통해 새롭게 발견된 아이들의 모습을 보며 다음 세대를 이끌어 나갈 미래의 지도자들을 키우겠다는 내 꿈은 더 이상 먼 이야기가 아닌 것 같았다.

그러던 중 2008년에 길을 가다가 위태롭게 거리에서 헤매던 바로 그 아이를 발견했다. 방치할 수 없어 교회로 데려와 씻기고 재웠다. 그 아이의 친구들이 찾아오기 시작하면서 하나 둘씩 가족이 늘었다. 재우고 먹이다 보니 같이 음악 연습도 하고 붙잡아 놓고 공부도 시키게 되었다. 어느 순간부터 저녁 때마다 와서 밥을 먹고 놀고 가는 아이도 30여 명에 달했다. '세품아'는 이제 완전히 위기 청소년들의 생활 공동체로 변신했다.

동네 말썽꾸러기들을 보살펴 준다는 소문은 파다하게 퍼졌다. 소문을 들은 한 엄마가 덩치가 산 만한 중1짜리를 데려왔다. 부천 지역에서 꽤나 유명한 말썽꾸러기였다. 이 녀석의 뒤를 이어 문제 아이들이 줄줄이 따라왔다.

모범생 중심으로 모였던 '세품아'는 이제 문제아 집단으로 변했다. 나름대로 모범생이었던 아이들과 그들의 부모들은 하나 둘씩 떠났고, 누구도 받아 주지 않는 아이들만 남았다. 나마저 외면할 순 없었다. 고민은 해외 여행이었다. 이 아이들과도 여행을 해야 하나. 이미 지어 놓은 이름도 고민이 되었다. 과연 이 아이들이 세상을 품은 아이들이 될 수 있을까? 하지만 어린 시절 나의 인생을 바꾸어 주었던 선생님을 생각하며 내가 이 아이들에게 인생의 변화를 가져다주는 한 명의 선생님이 되기로 했다. 그리고 아이들의 부모들을 설득해서 아이들을 데리고 몽골로 15일간의 여행을 떠났다. 그런데 놀라운 일이 벌어졌다. 열여덟 명을 데리고 간 2009년 몽골 여행은 '이 아이들이 내 운명이구나.'라는 사실을 깨닫게 해줬다. 거친 자연환경 속에서 난생처음 겪는 거대한 도전과 힘겨운 여행길이 이어지고, 함께 뒹굴고 고생하는 동안 아이들의 마음이 열렸다. 그 열린 마음속에 아이들의 아픔과 고통이 보였다. 깨어진 역기능 가정에서 그리고 과도한 교육열 속에서 상처받고 억눌렸던 마음들이 거친 비행으로 표출되었다는 것을 알게 되었다. 그리고 내가 이 아이들의 아버지가 되어 주어야겠다는 생각이 들었다. 돌아와서는 이 아이들을 세상을 품은 아이들로 키우겠다고 생각하며 아이들을

© 2013, 몽골 힐링캠프

위한 주거 공간을 정비하고 아이들과 함께할 수 있는 사람들을 다시 모으기 시작했다.

세상을 변화시키는 주역이 되라

나는 이 아이들에게 필요한 것은 사랑으로 품어 주며 치료하는 것이라는 사실을 알게 되었다. 거칠고 버릇없는 모습 뒤에 한 아이 한 아이마다 놀라운 재능이 숨겨져 있다는 사실도 알게 되었다. 이 아이들이 회복되어 세상을 변화시키는 건강한 시민이 된다면, 정말 엄청난 일일 것이라는 생각을 하게 되었다. 실제로 한 학교의 짱이라 불리던 아이가 변화되어 그 학교 전체가 안정을 찾는 모습을 보며 한 아이가 변할 때 사회에 얼마나 큰 영향을 미칠 수 있는지 깊이 생각하게 되었다.

그러면서 차츰 이 아이들이 세상을 품은 아이들이 될 수 있다고 확신했다. 이 아이들이 변화되어 세상을 변화시킨다면 그보다 엄청난 일은 없을 것이라고 생각했다.

자기 자신과 미래를 죽이며 살던 아이들이 다시 살아나 이 세상을 변화시키는 세상의 주역이 되게 하는 것이 '세품아'의 목표다. 우리는 이 아이들에게 말썽이나 부리지 말라고 하는 것이 아니라, 이 세상을 품고 이 세상을 변화시키는 변화의 주체가 되라고 말해야 한다.

또한 본격적으로 아이들을 돌보는 과정에서 아이들에게 진정으로

© 2012, 락앤락페스티벌

필요한 것은 다양한 프로그램이 아니라 그들을 온전히 품어 줄 안전 지대라는 것을 알게 되었다. 아이들은 집에 있는 것을 고통스러워했다. 엄마 아빠가 좋지만 엄마 아빠와 함께 있는 것을 힘들어했다. 아이들에게는 가정이 모든 것을 품어 주고 기다려 주는 진정한 안전지대가 아니었다. 부모들은 아이들이 즉시 변하기를 바란다. 자신도 잘 못하면서 한번에 아이들이 변하기를 바란다. 그러나 아이들이 변화하는 데는 많은 시간이 필요하다. 초기부터 함께 했던 아이가 건강한 모습으로 변화되기까지 7년이라는 시간이 걸렸다. 하지만 세상은 그렇게 기다려 주지 못한다. 지금 우리 가정은 아이들에게 그런 온전한 안전지대인지 돌아보아야 한다.

아이들이 처음에 몰려왔을 때는 사실 나도 당황스러웠다. 오직 목사로서의 신앙과 양심으로 그 아이들을 품을 수 있었다. 그러나 아이들과 함께 살기 시작하면서, 아이들과 함께 세상을 돌아다니면서 이 아이들을 세상을 품은 건강한 아이들로 키우는 것이 나의 사명임을 알게 되었다. 그리고 그때부터 아이들과 함께하는 것이 힘들면서도 즐거운 일들이 되었다.

비빌 언덕이 될 수 있다면

나는 여러 인생의 여정을 겪으며 한때 삶을 마감하려고 했다. 그때는

'내가 세상에서 무엇을 할 수 있을까? 나 같은 쓰레기가 이 세상에 존재할 가치가 있을까?' 하는 생각이 나를 사로잡았다.

그러나 요즘 우리 아이들을 보면서 나는 살 가치가 있다고 깨닫는다. 얼마 전에 아이들에게 이 이야기를 꺼낸 적이 있다. "야, 내가 그때 죽었으면 어떻게 됐을까?" 아이들의 반응은 "에이, 말도 안 돼요." 내가 생각해도 끔찍했다. 우리 새끼들은 어떻게 하라고.

사람들은 자신이 할 수 있는 일들에 대해 과소평가한다. 나는 어릴 적 성격이 매우 소심해서 말주변도 없었고, 집에는 돈도 없었고, 특출한 재능도 없었다. 나는 할 수 있는 것이 별로 없다고 여기며 많은 시간을 보냈다.

하지만 생각보다 우리가 할 수 있는 것은 정말 많다. 일례로, 말 한 마디 하는 데는 큰 노력이 들지 않는다. 돈도 들지 않는다. 그런데 나는 선생님의 한 마디 말에 변화되었고, 나에게도 변할 수 있는 능력이 있으며 새로운 꿈을 꿀 수 있다는 사실을 깨달았다. 한 사람을 변화시키는 놀라운 말 한 마디는 누구나 할 수 있다.

나는 사실 교육 전문가도 아니고 이 아이들에게 무슨 특별한 능력을 발휘하지도 않았다. 그냥 옆에서 손을 잡고 같이 산 것밖에 없다. 이 아이들과 살면서 내 마음을 주었고 그냥 눈을 마주쳤는데, 이 아이들이 변한 것이다. 나는 아무런 능력이 없는데 이 아이들과 눈을 마주치고서

"너는 정말 가치 있는 애야. 너는 정말 귀하거든. 너는 정말 멋지거든. 나는 너를 정말 좋아하거든." 이 얘기만 했을 뿐인데 모두가 변하지 않을 거라 장담하던 아이들이 변했다.

나는 정말 작은 사람이다. 밀알도 정말 작다. 그런데 그 작은 밀알을 땅에 심으면 놀라운 일이 일어난다. 밀알에는 생명이 있기 때문이다. 아무리 작아도 생명이 심기면 열매를 맺는다. 그렇다면 내 안에는 무엇이 있을까? 작은 내 안에 무엇이 있었기에 이 아이들이 열매를 맺을 수 있었나. 내 안에는 사랑이 있었다. 아이들이 조금만 덜 아팠으면 좋겠다는 마음이 있었다. 아이들의 거친 욕설과 아이들의 불량해 보이는 표정과 문신 속에 숨어 있는 모든 걸 나는 보았다. 그리고 그 진짜 모습이 드러났으면 좋겠다는 간절한 소망이 생겼다. 그래서 그냥 이 아이들 곁에 있었던 것뿐이다. 그게 '세품아'와 함께해 온 내 삶이었다.

이 세상에 가치 없는 사람은 없다. 세상에서 가치가 없다고 평가받는 사람일지라도 누군가에게 말 한 마디는 할 수 있다. 세상에서 인정해 주지 않는 사람이어도 누군가의 손을 한 번 잡아 줄 수 있다. 정말 힘겨운 순간에 내 손을 꼭 잡아 주며 내 등을 두드려 준 사람, 그 사람은 세상 모두가 인정하는 훌륭하고 가치 있는 그런 사람은 아니었다. 하지만 그 한 사람이 전해 준 체온 때문에 죽을 사람이 살아난다.

보잘것없는 밀알보다도 더 작아 보이는 내가 기적을 일으켰다고 말하는 사람들이 있다. 하지만 그것은 기적이 아니다. 어디서나 누구에게나 일어날 수 있는 일이다. 누구든지 다 할 수 있는 일들이다.

누구나 문제가 있는 사람들에게 손을 내밀 수 있고, 아픔이 있는 사람의 손을 잡아 줄 수 있다. 우리가 그를 도울 수 있고 구할 수 있다. 그리고 그 아프고 문제 있는 사람들 또한 누군가의 손을 잡아 줄 수 있고 도울 수 있다. 어쩌면 그들의 아픔과 문제가 누군가에게는 공감을 위한 꼭 필요한 다리가 되어 줄 것이다.

사람들이 나에게 왜 사냐고 물으면 멋지게 대답을 못하고 그냥 "태어났으니까 살아요." 하고 말한다. 그런데 사실 내 삶에 있어 나는 유일한 소망이 있다. 누군가에게 비빌 언덕이 되고 싶다. 이왕 태어났으니 대단하고 훌륭한 사람이 못될 바엔 누구에게라도 비빌 언덕이 되어 줄 수 있다면 그것을 위해 살고 싶다. 너무나 보잘것없이 작은 사람이지만 내 인생이 누군가에게 비빌 언덕, 조그마한 디딤돌이 되어 줄 수 있다는 게 나는 너무나도 행복하다.

내가 디딤돌이 되어 주었던 아이들이 이제는 다른 누군가의 디딤돌이 되어 주는 것을 보는 것 또한 큰 기쁨이다. 어제는 누군가에게 아픔을 주었던 아이들이, 오늘은 누군가에게 희망이 되고 있다. 이제 이 아이들은 고통이 있는 곳에 가서 고통을 넘어 삶을 노래하고 희망을 노래한다.

작은 밀알 하나의 가치

사람은 누구나 다 소중하다. 그 사람이 이 세상에 태어났을 때 그 사람은 놀랍고 소중한 가치를 가지고 태어난다. 그런데 살아가는 동안 그 가치가 자꾸 손상되어 어느 순간 찌그러지기도 하고, 무언가로 덧칠해지기도 하고, 무언가에 눌리기도 한다.

나는 그 가치를 작은 밀알 하나라고 부른다. 한 사람 한 사람 안에는 소중한 밀알이 있다. 그리고 그 밀알이 땅에 심기고 누군가 물을 주면 싹이 트고 열매를 맺는다. 우리 아이들 중에 공동체에서 생활을 잘 하다가 가정으로 돌아가면 다시 힘든 일을 겪는 아이들이 있다. 이 아이들은 많은 좌절을 겪고 거부를 당해 봐서 스스로를 소중히 여기기가 너무도 힘든 아이들이다. 자기는 쓸모없는 짐과 같아서 버림받은 존재라는 자의식이 굳어 있다. 우리는 이 아이들을 캄보디아로 보낸 적이 있다. 아이들은 캄보디아 빈민가에서 선교하는 선교사님 댁에서 한 달간 머물렀다. 그때 아이들은 자기 자신이 얼마나 소중한지를 알게 되었다. 드럼 스틱 하나와 기타 하나를 들고 가서 그 곳 아이들 앞에서 드럼 연주를 하고 노래도 해주니 거기에서 한류 스타가 된 것이다. 자기들의 연주에 아이들이 행복해하고 위로 받고 용기를 얻는 모습을 보고 이 아이들도 치료가 되었다. 자기들은 아무것도 아니라고 생각했는데, 아무것도 할 수 없다고 생각했는데, 많은 아이들을 행복하게 해주고 있었다. 누구나 한 알의 밀알을 품고 있다.

사람들은 이 아이들이 결코 제대로 된 어른으로 성장할 수 없을 것이라고 단정한다. 그저 이 아이들이 다시 비행을 하지 않으면 다행이라고 생각한다. 나도 처음에는 그렇게 생각했다. 그러나 한 아이 한 아이의 삶 속으로 내가 걸어 들어가면서부터 그 생각이 바뀌었다.

내가 이 아이들의 아버지로 살기로 결심하고 아이들의 손을 꼭 붙들고 살기 시작하면서부터 나는 이 아이들 안에 숨겨진 놀라운 가능성을 보게 되었다. 아이들 안에 숨겨진 너무나도 아름다운 보배들을 보았다. 그 보배들을 보면서부터 나의 목표가 달라졌다. 아이들의 거친 모습 속에 숨겨진 보배를 온 세상에 드러내고 싶은 간절한 열망이 내 안에 자리 잡았고, 그후로 아이들의 삶을 찌들게 하는 중독과 비행과의 싸움을 멈출 수가 없었다. 내가 반복되는 재비행 속에서도 아이들을 포기할 수 없었던 이유다. 그럴수록 나는 더 간절히 기도하며 아이들과 씨름했다.

사람들을 숫자로 바라보면 우리의 관심은 사람에게서 멀어진다. 정말 보아야 할 것을 볼 수 없게 만든다. 그 안에 담긴 가장 소중한 가치를 보지 못하게 된다. 아주 작은 밀알이라 해도 그것은 어떤 열매도 맺을 수 있는 생명이다. 내가 아이들에게서 발견한 작은 밀알을, 그 가치를, 보석을 아무것도 아닌 것으로 여겼다면 아무 일도 일어나지 않았을 것이다.

역사적으로 추앙받는 위대한 성인들 중에 그렇게 한 알의 밀알이 심겨져 큰 열매를 맺은 경우가 많다. 우리가 잘 모르지만 빛도 없이 이름도 없이 누군가에게 도움을 주고 떠난 분들은 또 얼마나 많은가? 2천년 전 예수는 고통 받는 이들을 위해 가장 낮은 자리에서 힘들고 고단한 삶을 살며 애쓰다가 십자가에서 초라한 죽음을 맞았지만, 지금까지 인류에게 큰 희망의 빛이 되고 있다. 나는 그를 보며 하찮은 것 같고 보잘것없는 것 같은 내 삶이라 해도 헛되이 죽지는 않기로 작정했다. 아주 작고 힘없는 단 한 사람에게라도 작은 소망을 주는 삶을 살다가 죽기를 소망하게 되었다.

보잘것없는 나의 삶이 한 사람의 인생에 작은 소망이라도 되어 줄 수 있다면 그것만으로도 얼마나 가치 있는 삶인가. 그 작은 소망이 어쩌면 죽을 뻔한 사람을 살리기도 하기 때문이다. 그리고 우리가 살린 그 한 사람은 이 세상 전부와도 견줄 수 없는 큰 가치를 지닌 한 생명이다.

2

열매 맺는 아이들

열매가 열매를 낳는다

2012년 여름, 아이들은 또 다시 몽골 초원으로 떠났다. 그 여행을 이끌어 가는 사람은 선생님들이 아니었다. 한때 세상의 손가락질을 받으며 본드와 각종 비행에 물들어 있던 아이들이었다. 절대 변하지 않을 것이라는 소리를 들었던 아이들이 조장이 되어 여행을 이끌어 갔다. 보름 동안 함께했던 열두 명의 몽골 아이들까지도 이 아이들이 이끌었다.

악천후와 싸우고, 물과 음식 부족과 싸우고, 추위와 싸워야 했던 힘겨운 여행을 즐거운 여행으로 전환시킨 것도 이 아이들이었다. 이제 이 아이들이 '세품아'의 보조 교사 역할을 감당하게 된 것이다. 눈에서만 멀어지면 사고를 쳐서 다 큰 애들을 끼고 자야 했던 것은 옛날 이야기다. 이제 세상에서 손가락질 받던 아이들이 리더가 되어 다른 아이들을 돌보게 되었다. 공동체에 새로 들어온 아이를 돌보는 일은 선생님들보다 오히려 더 잘한다.

작지만 결코 작지 않은 열매가 맺혔다. 그리고 그 열매들이 또 다른 열매들을 낳고 있다. 험난한 싸움을 이겨 낸 아이들이 이제 그 싸움을 시작한 또 다른 아이들을 돌보기 시작했다. 새롭게 싸우는 아이들을 격려하고 그 아이들을 이끌어 가고 있다.

삶의 반전이 생명이 되다

한 아이가 있었다. 아이의 엄마는 우울증을 앓다가 자살을 했고, 아이가 엄마의 시신을 수습해야 했다. 아이는 새엄마를 엄마라고 부를 수 없었다. 아빠는 아이의 아픈 마음을 알아 주지 않고 방황하는 아이에게 폭력을 휘둘렀다. 결국 아이는 고통스러운 집에서 탈출했고 괴물로 변해 갔다. 아이의 온몸에는 문신이 새겨졌고, 아이의 가슴에는 상처가 아로새겨졌다. 가출이 반복되면서 아빠와 새엄마와의 갈등이 계속됐다. 아빠는 엇나가는 아이를 점점 더 가혹하게 훈육했다. 그럴수록 아이는 튕겨져 나갔다.

자신과 똑같은 고통 속에 몸부림쳤던 한 사람이 그 아이의 삶 속에 들어왔다. 그리고 스스로를 죽여 가는 처참한 인생을 살던 아이를 붙들어 주었다. 엄마 곁으로 가고 싶은 그 아이의 삶을 붙들었다.

사람들로부터 이 세상에서 사라지면 좋겠다고 여겨지던 한 아이가 또 다른 한 아이를 살렸다. 이제는 보호 시설의 선생님으로 살아가는, 위기 청소년이었던 한 아이.

밤을 새워 소년의 슬픈 이야기를 듣고 〈우리 엄마〉라는 곡을 만든 아이는 동네 청소년 문제의 중심에 있던 아이였다.

어머니의 과도한 집착 속에서 "하나님, 나 공부하는 거 너무 힘들어요. 데려가 주세요."라고 기도했던 아이. 하지만 그 고통 속에 아이에게 다가온 것은 부모의 폭력. 이제 부모가 때릴 수 없는 덩치가 되자 통제할 수 없는 아이가 되어버렸던 아이. 비행을 저지르고 우울증에 시달리며 자살을 시도하던 아이였다.

문제의 중심에 섰던 아이들이 이제 문제의 해결자로 섰다. 자신과 꼭 닮은 아이들에게 다가가서 그 아이들을 일으켜 세우고 있다.

마른 뼈가 살아날 수 있을까

여기, 작은 밀알이 싹을 틔워 아름다운 열매가 된 아이들이 있다. 앞서 잠시 언급했던 MG 밴드 아이들 하나하나를 소개한다.

2010년 6월에 결성된 MG 밴드는 '세품아'의 음악 치료 과정에서 탄생했다. 위기 청소년이라 불리던 아이들이 음악을 만나면서 새로운 삶을 시작했고, 2010년부터 현재까지 3회의 단독 콘서트를 비롯해 왕성한 공연 활동을 하고 있다.

MG 밴드는 여러 명의 객원 보컬들과 함께하며, 또 다른 후배 밴드들도 키워가고 있다.

마른 뼈

세상의 모든 사람들이 외면하던 아이들이 있었다. 부모조차도 지치고 지쳐 손을 놓은 채 고통스럽게 바라볼 수밖에 없던 아이들이다. 사람들에게 그 아이들은 해로운 바이러스였다. 사람들은 그 아이들이 그저 자신들의 삶의 주변에서 멀리 사라져 주기를 바랐다. 그 아이들의 삶은 가출, 폭력, 갈취, 본드 흡입, 절도, 음란 동영상 등으로 가득 채워져 있었다. 자신에게 주어진 삶을 날마다 죽여 가며 살아가는 것이 그 아이들의 모습이었다.

초원의 뙤약볕 속에 널부러져 바싹 말라 버린 마른 뼈처럼 그 아이들의 삶에는 아무런 소망이 보이지 않았다.

마른 뼈가 살아날 수 있을까

사람들은 그 아이들의 변화를 믿지 않았다. 정신 병원, 상담 기관, 경찰서, 법원, 소년원 등 아이들의 비행을 막고 회복시키기 위한 수많은 시도들이 다 수포로 돌아갔다. 아이들은 여전히 그 모습으로, 아니 더 심각한 모습으로 변해 갔다. 회복과 변화를 간절히 원하는 부모들조차 더 이상 회복과 변화를 믿을 수가 없었다.

그 마른 뼈와 같은 아이들이 음악을 만났다. 그 아이들에게 음악은 한 줄기 빛이었다. 아이들은 음악을 통해 자신들의 삶에서 소망이라는 빛을 보았다. 그리고 그들의 삶을 빛으로 이끄는 알 수 없는 거대한 손길을 만나게 되었다. 아이들은 조금씩 조금씩 어둠 속에서 빠져나오기 시작했다. 이미 깊이 뿌리내려 버린 이전 삶의 모든 어두움들과 고통스러운 싸움이 시작되었다. 중독이라는 상상할 수 없는 거대한 힘이 아이들을 붙들고 늘어졌다. 다시 원래의 자리로 돌아오라는 친구들의 유혹이 아이들을 무너뜨렸다. 그렇게 무너졌다 일어나기를 반복하는 동안 몇 년의 시간이 흘렀다. 그 시간 동안 기대의 눈으로 바라보았던 많은 이들의 눈빛이 절망의 눈빛으로 변해 갔다.

마른 뼈가 살아날 수 있을까?

마른 뼈가 살아나다

그렇게 5년이 지났다. 그리고 MG 밴드가 세상 속에 나왔다. 주변 사람들에게 아픔과 고통을 안겨 주었던 아이들이 소망을 잃은 사람들에게 소망이 되어 주었다. 마른 뼈 같이 소생이 불가능해 보이던 아이들이 살아나 사람들에게 소망을 주는 빛이 되었다.

가족에게 절망감을 안겨 주었던 아이들이 이제 조금씩 가족의 소망이 되어갔다. 아이들은 절대로 변하지 않는다고 이야기하던 사람들을 부끄럽게 만들었다. 중독과의 고통스런 싸움을 이겨 내고 이전 삶의 모든 유혹과 싸움 속에서 MG 밴드가 시작되었다. 그리고 이제 이 아이들이 세상을 향해 노래한다.

또 하나의 열매를 바라며

아직도 아이들은 싸우고 있다. 새로운 삶을 향해 자신과 치열한 싸움을 한다. 아직도 남아 있는 이전 삶의 짙은 흔적들과 싸움을 한다. 그 치열한 싸움 속에서 MG 밴드는 노래한다. 자신들을 이렇게 변화시킨 그분을. 마른 뼈 같이 죽어 있던 자신들에게 새로운 삶을 주신 그분을. 다른 이들에게 고통이었던 내가 다른 이들에게 작은 소망으로 살아갈 수 있도록 이끄신 그분을. 그리고 그분이 허락하신 미래의 꿈과 소망과 사랑을.

© MG밴드

전한빈 보컬/어쿠스틱 기타

'세품아'에서 가장 오랜 세월을 지낸 아이다. 현재 MG 밴드의 리더다. 뛰어난 지능을 가졌으면서 또한 감성적이며 자유로운 영혼이다. 아이가 똑똑했기에 부모님의 기대가 너무 컸다. 그 기대는 강압이 되었고 아이의 반항은 일탈과 비행으로 나타났다. 엄마의 손에 이끌려 처음 '세품아'에 왔고 그후로 7여 년의 세월을 함께 생활했다. 새로운 삶을 향해 끊임없는 도전을 한 만큼 많은 좌절과 실패의 시간을 지나온 아이다. 법원의 처분, 우울증, 자해…. 지독한 중독과의 싸움에서 힘겹게 이겼고 지금도 치열하게 고민하고 자신과 싸우며 살아간다.

현재는 실용 음악을 전공하며 청소년 대상의 강연자로, 기타와 노래를 가르치는 강사로, 위기 청소년들의 멘토로 활약하고 있다. 좌절과 실패의 경험이 많은 만큼 자신과 같은 길을 걷고 있는 아이들에게 해줄 말이 많다. '세품아' 동생의 아픈 이야기를 담은 노래 "우리 엄마"를 작곡했으며 누군가에게 힘이 되는 삶을 꿈꾸는 건강한 젊은이로, 음악가로 성장하고 있다. 호소력 있고 힘있는 목소리가 감동적이다.

명희승 일렉 기타

명씨 성을 가진 아이다. 위기의 아이들만으로 팀을 구성하는 것보다 전혀 이질적인 아이가 함께하는 것이 좋을 것 같다는 생각에서 MG밴드에 의도적으로 참여시켰다. 처음에는 자신과 성향이 맞지 않는 아이들과 지내는 것을 매우 힘들어했다. 그러나 시간이 지나면서 서로의 삶을 이해하고 공감하면서 서로에게 가장 소중한 친구들이 됐다.

MG 밴드의 리더 역할을 오랫동안 해왔으며 '세품아' 아이들의 학습지도도 담당해 왔다. 밴드 음악 작업의 중심에 서 있었고 깔끔하고 깊이 있는 연주를 보여 주는 기타리스트다. 현재는 학업에 열중하며 보호관찰 청소년 대상의 '드림 스쿨' 강사로 활동하고 있다. 또한 '세품아'의 검정고시 밴드를 지도하고, 지역 청소년들의 음악 교육 강사로도 활동하고 있다.

오진석 보컬/일렉 기타

성장 과정에서 많은 아픔과 상처를 가진 아이이다. 어린 시절 고아원에서 생활했던 경험이 있고 후에는 할머니 손에 컸다. 곤충을 좋아해 곤충에 관해서는 모르는 것이 없는 곤충 박사였다. 그러나 중독으로 인해 기억력과 집중력이 심각하게 저하됐다. 곤충에 대한 관심도 떨어졌다. 호기심으로 시작한 행동으로 곤충학자의 꿈을 접어야 했다.

그러다 음악을 만났다. 학원에 처음 갔을 때 레슨 시간 내내 한 소절도 못 부르고 첫 레슨을 마쳤다. 그러나 지금은 실용 음악을 전공하며

'드림 스쿨'의 강사로 활동하고 있다. 그리고 대학 입시를 준비하는 '세품아' 아이들의 그룹 홈에서 아이들을 돌본다. 작곡과 기타 연주 능력이 뛰어난 싱어송라이터에, 뛰어난 춤 실력까지 갖춘 재주꾼이다.

장영배 드럼

마음을 여는 데 가장 오랜 시간이 걸린 아이다. 할머니 손에 자랐다. 버림받은 상처로 인해 어른들에 대한 불신이 다른 아이들보다 심했다. 사람들은 "영배가 변하면 내 손에 장을 지진다."라고 했다. 많은 아이들의 부모가 자기 자식이 잘못된 것은 모두 다 영배 때문이라고 했다. 음악에 아무런 재능이 보이지 않았지만, 드럼에 재능이 있다고 속여 드럼을 가르쳤다. 그런데 드럼을 시작하면서부터 놀라운 집중력을 보였고 연습 벌레가 됐다. 친구들과도 만나지 않고 드럼 연습에만 몰두했다. 힘겨운 중독과의 싸움에서 처절한 패배도 맛보았지만 드럼을 포기하지 않았고, 하루 9시간 이상을 연습하는 끈기와 집중력을 보여 줬다.

법원에서 공식적으로 맡겨온 첫 번째 아이이며 개근상을 타는 기적을 보여 준 최초의 아이이기도 하다. 현재는 실용음악을 전공하고, 학원 강사로도 활동한다. 또한 '드림 스쿨'의 멘토와 강사로 활동한다. 힘이 넘치며 정확하고 깔끔한 연주가 돋보이는 드러머다.

김힘찬 베이스

가장 평범해 보이고 무난해 보이는 아이다. 성실하고 부지런한 부모 밑에서 성장했다. 부모님의 성향이 무뚝뚝하여 힘찬이의 필요에 세심하게 반응하지 못했다. 그렇지만 워낙 온화하고 차분한 아이였기에 초등학교 때까지는 어른들이 매우 좋아하는 예의바른 아이였다. 그러나 사춘기의 방황을 비껴가지 못했고 거친 모습들이 점차 드러나기 시작했다. 한때 '세품아'를 떠나려고까지 했다.

처음 베이스 기타를 잡을 때 왜 기타가 네 줄밖에 없냐고 물었다. 음악에 별 흥미는 없지만 친구들이 하니까 따라하는 분위기였다. 그러나 공연을 하기 시작하면서 음악의 맛에 조금씩 눈을 떴다. 본격적으로 레슨을 받으면서는 베이스에 매달렸다. 지금은 실용 음악을 전공하며 '드림 스쿨'의 멘토와 강사로 활동한다. 듬직하고 안정된 베이스 연주를 보여 주며, 팀에 무게 중심을 잡아 주는 중요한 역할을 한다.

박소연 보컬/건반

어린 나이임에도 삶의 무게가 무엇인지 잘 아는 아이다. 삶의 무게를 이겨 내며 사는 것이 너무나도 힘겹지만 다른 이들에게 힘든 모습을 절대로 보여 주려 하지 않는다. 깊은 방황의 시간을 보냈지만 음악이 그 방황의 시간에 종지부를 찍게 했다. 타고난 재능을 가졌음에도 다른 사람들의 칭찬을 그대로 받아들이지 못했고, 매사에 자신이 없었다. 밴드 생활을 통해 조금씩 사람들에게 마음의 문을 열었다. 노래 실력이 자라면서 삶에 대한 자신감도 자랐다. 삶의 무게는 여전하지만 이제는 방황하지 않고 자신의 꿈을 향해 나아갈 수 있는 힘이 생겼다.

실용 음악을 전공하고 있으며 '드림 스쿨'의 멘토와 강사로 활동하고 있다. 그리고 지역 청소년 동아리들을 지도해 왔다. 현재는 캄보디아 시골 마을에서 4개월째 아이들에게 춤과 노래를 열정적으로 가르치고 있다. 그곳에서 자신의 참모습을 직면하며 새로운 삶을 향해 나아가고 있다. 체격에 맞지 않게 힘 있고 호소력 있는 목소리로 많은 이들에게 감동을 준다.

내가 서 있던 그 자리에

'세품아'에는 외모만 봐서는 아이들과 구분이 되지 않는 두 분의 선생님이 있다. 아이들이 무척이나 따르고 좋아하는 선생님들이다. '세품아'가 본격적으로 출발하게 된 계기가 된 아이들다. '세품아' 초창기 처음 데리고 자기 시작한 아이들이고, 심각한 좌절과 아픔도 안겨 주며 속을 까맣게 태웠던 아이들이다. 그러나 지금은 나의 가장 든든한 버팀목이다. 소설 같은 삶을 산 아이들이다.

진영이는 초등학교 때부터 가출과 비행, 여섯 번의 정신 병원 강제 입원, 그리고 소년원, 아버지의 자살 등 폭풍 속을 지나왔다. 그리고 정신을 차려 보니 가장이라는 무거운 짐이 기다리고 있었다. 병든 엄마와 두 동생이 어린 진영이가 짊어져야 할 짐이었다. 일어서려 해도 너무나 짐이 무거워 넘어지고 또 넘어졌다. 먼저 간 아빠를 따라가려고 시도도 했다. 그러나 지금 진영이는 힘겨운 삶의 무게를 이기고 '세품아'의 선생님이 되었다. 아이들을 가장 잘 이해하고 공감해 주는 선생님 그리고 나를 언제나 위로해 주는 동료가 되었다.

승찬이는 초등학교 때부터 무자비한 폭행 속에서 살아왔다. 아버지의 폭행에 갈비뼈와 턱뼈가 부러졌다. 아버지가 들이댄 칼에 목에 상처가 나기도 했다. 중학생이 되어 고통스러운 집을 탈출했고, 많은 이들에게 손가락질 당하는 비행 청소년, 범죄 청소년이 되었다. 승찬이는 어린 시절을 회고하면서 이렇게 말한 적이 있다. "아빠한테 맞으면서 바람은, 때릴 때 종아리든 허벅지든 정해 놓고 때렸으면 좋겠다는 것이었다. 그냥 아무데 나 막 때리니 맞는 게 아픈 것보다 짐승이 된 것 같아 더 아프고 슬펐다." 나는 승찬이를 통해 아이들이 가출한 것이 아니라 탈출한 것일 수도 있겠다는 생각을 했다.

둘은 내 돈을 훔쳐가기도 했고, 무수한 거짓말로 많은 배신감을 안겨 준 아이들이었다. 그러나 지금 이 두 아이는 내가 예전에 서 있던 그 자리에 서 있다. 내가 힘들어했던 일들로 힘들어하면서 내가 했던 일들을 하고 있다. 이전에 내게 많은 배신감과 아픔을 주었지만, 이제는 내게 큰 위로와 소망을 준다. 아이들에게는 비빌 언덕이 되어 주고 있다. '세품아'에서는 진영샘과 승찬샘을 '세품아'의 공동 창업자라 부르기도 한다.

© 2013, 항해콘서트

아직

다 보지
못한

세상이
많단다

"우리 어른들은 아이들이 보지 못한 더 많은 세상을
보여 줄 의무가 있다."

1

여행으로 찾은 진짜 내 모습

나를 찾아 떠나는 여행

'세품아'의 초기 모습은 지금과는 많이 달랐다. 당시 '세품아'는 가난한 지역 청소년들에게 여행을 통해 넓은 세상을 경험하게 해서 세상을 이끌어 나갈 미래의 지도자로 키우자는 비전이 있었다. 대상은 위기 청소년이 아닌 모범생들이었다. '세품아'의 '비전 투어'는 2005년 중국 여행을 시작으로 2006년 일본, 2012년 몽골 등을 거쳐 지금도 계속되고 있다. 여행은 청소년들의 마음을 치유하는 데 매우 효과적이다.

'세품아' 아이들은 어느 정도 적응을 하면 몽골로 14박 15일 일정으로 여행을 떠나 철저하게 외부 세상과 단절된 채 시간을 보낸다. 빠듯

한 계획과 일정 중심의 여행이 아니라, 그날 그날 함께 있음에 의미를 두며 '동행'하는 여행이다. 휴대 전화, 컴퓨터, 텔레비전 등 문명과 단절된 채 자연 속에서 자기 자신을 발견하는, '나를 찾아 떠나는 여행'이다. 2천 3백 킬로미터를 4박 5일 정도는 말로 이동해야 하고, 전화도 안 되고 음식 조달도 쉽지 않은 곳에서 나를 나로서 바라보며 아이들은 살아나기 시작한다. 지금 자신의 모습을 만들었던 이 땅의 모든 것과 단절된 땅에 들어 설 때 아이들은 자신의 진짜 모습을 발견한다. 새로운 가능성을 발견하게 되므로 아이들은 힘겨운 상황 속에서도 감사할 수 있는 마음이 생긴다.

자신의 참 모습을 미처 발견하기도 전에 마치 대학 입학이 인생의 모든 것인 줄 알고 입시 경쟁에 찌들어 지내는 청소년들에게 이러한 여행의 기회를 한 번쯤 마련해 주기를 모든 부모들에게 권하고 싶다. 거창한 여행이 아니더라도 마음을 열고 공감의 다리를 건너 아이의 참 모습과 만날 수 있는 여행은 언제 어디서든 가능하다.

몽골에 도착하면 아이들은 "이런 데서 어떻게 자요."라고 한다. 이틀 걸려 러시아 국경 쪽 호수에 가는데, 도중에 차는 고장 나고 진창에 빠져 모두가 흙탕물을 뒤집어쓰며 빼내기도 했다. 음식은 떨어지고, 식수도 부족하다. 그런데 어느 순간부터 아이들이 달라진다. 부족한 물은 나눠마시고 어려운 일은 서로 돕는다. 아이들은 자신들도 모르게 새로워지고, 한 번도 본 적 없고 경험해 본 적 없는 곳에서 진짜 자신의 모

/

지금 자신의 모습이 만들어진 곳과 단절된 땅에 들어설 때 아이들은 자신의 진짜 모습을 발견한다. 새로운 가능성을 발견하게 되므로 아이들은 힘겨운 상황 속에서도 감사하는 마음이 생긴다.

습을 찾는다.

2009년 여름, 재정난에 허덕이던 가운데 또다시 무모한 도전을 했다. 몽골 초원을 가로지르는 2주간의 여행을 떠났다. 우리의 여행은 온갖 부족함이 한꺼번에 몰려오는 충격적인 경험이었다. 초원을 달리던 차가 망가져 노숙을 하고, 물과 식료품이 떨어져 굶주림과 목마름의 고통을 경험해야 했다. 한여름에 떠난 여행이었지만 밤이 되면 0도 가까이 떨어지는 추위 속에 떨어야 했고, 쿠션이 없는 차를 타고 며칠을 달리는 힘겨움을 맛보았다. 매일 감던 머리를 1주일씩 못 감고 양치도 며칠에 한 번 하는 경험 속에서 이상하게도 아이들은 오히려 조금씩 자라났다. "피할 수 없으면 즐겨라."를 외치며, 말도 안 되는 열악한 상황을 놀이처럼 즐기기 시작했다. 드넓은 초원과 야생의 환경이 아이들의 마음속의 때를 벗겨 내고 순수한 그 또래의 아이들로 돌려놓았다. 기적 같은 일이었다.

아이들과의 여행은 공감하고, 소통하고, 사랑하기 위한 여행이다. 아이들은 끝이 보이지 않는 초원을 달리면서 극단적인 고통을 경험하고, 자신들의 적나라한 모습을 보이게 된다. 그래서 갈등이 생긴다. 하지만 그때그때 닥친 문제를 함께 힘을 합쳐 해결해 나갈 때 의외의 길이 열린다.

해결 방식은 선생님들이 아이들의 이야기를 모두 듣는 것이다. 그들의 불만과 아픔을 충분히 들어주고 공유하면, 아이들은 스스로 해결 방법을 찾는다. 나는 '세품아'의 관리자이지만, 아이들에게 지시하기보다 아이들에게 어떻게 할지를 묻는다. 아이들이 다섯 시간 이상 이야기할 때도 있다. 나는 끝까지 경청한다.

우리는 이 여행을 통해, 일을 잘 마치는 것도 중요하지만 과정이 중요하다는 것을 깨달았다. 사람, 즉 관계가 먼저라는 것을 알게 되었다. 우리의 인생 여정에 함께하는 아이들과도 그렇게 관계와 소통 중심으로 사랑하며 살아갈 때, 아이에 대한 욕심과 불안을 내려놓고 진짜 아이의 모습을 발견하여 그 가치를 드러내도록 격려할 수 있다.

치유의 발걸음에서 꿈을 찾는 여정으로

2015년 캄보디아 비전 투어는 치유의 여정에서 꿈을 찾는 여정으로 이어졌다. 캄보디아에는 청소년 문화라고 불릴 만한 것이 없다. 그래서 아이들은 어른들이 하는 것을 그대로 따라한다. 술, 매춘, 마약 등이 청소년들에게 무방비 상태로 노출되어 있다. 아이들이 마음 둘 만한 문화가 따로 없기에 어른들의 나쁜 문화를 무분별하게 답습하며 청소년기를 암울하게 보낸다. 우리는 이러한 캄보디아 청소년들에게 위로가 되고 희망을 줄 수 있는 활기찬 청소년 문화를 나누어 주고 싶은 소망이 생겼다.

이번 여행에서 우리는 현지 청소년들을 대상으로 음악 교육을 하고, 지역 주민들을 관객으로 하여 그것을 아이들과 함께 발표하기도 했다. 청소년들이 마음껏 연주할 수 있는 악기도 전달했다.

비전 투어는 이렇게 우리 아이들이 자신이 얼마나 가치 있는 존재인지를 깨닫기 위한 여행, 내가 가진 작은 재능이 연약한 누군가에게 엄청난 기쁨과 행복이 될 수 있음을 배우러 가는 여행이다.

MG 밴드 멤버들은 두 번의 여행을 다녀왔다. 한 번은 치유를 위해 떠난 '몽골 캠프'였고, 두 번째는 나눔을 위해 떠난 '캄보디아 캠프'였다. 아이들은 여행을 통해 더 큰 세상을 보고 새로운 비전을 품고 돌아왔다.

저는 게임을 굉장히 좋아하는데, 여행을 가서는 게임을 못하니까 사람들과 많이 어울렸어요. 공동체 생활이 즐거운 줄도 모르고 게임만 했는데, 여행을 가면 마음을 뭉쳐야 활동이 가능해서 사람 사귀는 법을 배우게 되었어요. '나도 이렇게 사람들과 잘 어울릴 수 있구나.' 처음 깨달았죠. 그래서 공동체 생활의 즐거움을 알게 되었어요.

_베이스 김힘찬

저는 남의 눈치를 많이 보고, 남의 시선을 많이 의식해서 남들의 생각

인천 지법 판사들과 MG 밴드의 인연은 각별하다. 2013년 여름, 소년 단독 판사였던 문선주 판사는 MG 밴드 아이들과 몽골에 다녀왔다. 문 판사는 아이들과 함께 손수 텐트도 치고 음식도 해먹는 험한 여행을 하며 많이 친해졌다. 1천 명이 넘는 위기 청소년들을 만났지만 재판장에서는 아이들의 솔직한 이야기를 듣기가 어려운데, 힐링 캠프를 통해서 아이들을 인간적으로 이해하게 됐다.

을 따라 살았던 것 같아요. 그런데 몽골에서 말을 타고 몇 시간을 이동하면서 처음으로 나 자신에 대해 곰곰이 생각하게 되었어요. 다녀와서는 조금 밝아진 것 같아요. 이젠 조금씩 저를 드러내고 있어요.
_보컬 박소연

이렇게 몽골 캠프에 다녀오고 나서 치유된 아이들이 캄보디아로 '나눔 캠프'를 갔다. 한국보다 훨씬 많은 청소년들이 중독에 시달리는 나라에서 꿈을 잃고 약물에 노출된 아이들에게 MG 밴드가 찾아갔다.

누군가가 나를 필요로 하고 기다린다는 사실이 좋아요.
_보컬 전한빈

이제 아이들은 묵묵히 악기를 연주하고 희망을 노래한다. "겨울이 지나면 봄이 온다. 아직 끝나지 않았다."라는 노래를.

2

우리가

만들어 주어야 할

아이들의 미래

아이들과 함께하는 마지막 여정

마지막으로, 아이들과 함께하는 여정 중 중요한 것이 자립의 과정이다. 아이들과 함께 살아가다 보니 상처받은 아이들이 치유되어야 한다는 생각을 했고, 치유가 되고 나니 교육을 해야 한다는 생각이 들었다. 교육 후에는 생존을 위해 취업을 할 수 있게 해야 했다.

아이들은 주로 기술을 익혀서 생계를 꾸려 가려고 하는데, 문제는 이 아이들이 기술 교육을 받고 실기 시험에는 합격하는데 필기에는 늘 불합격을 한다. 그리고 기술을 습득해도, 한 달 이상 직장에서 버티질 못했다. 문제가 무엇일까 고민했는데, 사실 '비행'이란 것은 사회적 자폐라는 데 원인이 있다. 아이들끼리의 견고한 공동체가 있는데, 그 안에는 그들만의 사고방식과 문화가 있고 그 외의 것은 잘 받아들이지 않는다. 아이들이 이런 상태에서 벗어나 사회에 적응을 해야 하기에 사람들과 관계하는 훈련, 일상 속에서 여덟 시간을 견뎌 내는 훈련 등이 필요하다.

그 과정들을 거치면서 아이들의 치료와 교육과 자립 등의 모든 문제는 사회가 나서서 함께 고민할 문제임을 깨닫게 되었다. 이제 우리는 더 많은 아이들의 미래를 위한 기반으로서 금전적인 자원, 네트워크, 인적 자원 등을 마련하는 데 함께 나서야 한다. 나는 우리 사회가 모든 아이들이 자기의 가치를 발견하고, 더 큰 세상을 보고, 비전을 품고, 자기의 가치를 실현하며 살 수 있는 사회가 되었으면 좋겠다. 그렇게 아이들에게 아직 다 보여 주지 못한 미래를 우리 어른들이 다 함께 만들어 갔으면 좋겠다.

나는 인생의 길을 잃은 아이들에게 더 많은 세상을 보여 주려 했다. 아이들은 여행을 하면서 지금껏 볼 수 없었던 자연 광경이나 새로운 환경을 접하고는 새로운 희망을 품고 변화하기 시작했다. 그리고 아이들은 열심히 준비하고 열정을 다하는 무대 경험을 통해 자신감을 얻고 자신이 쓸모 있는 존재라는 것을 인정하기 시작했다. 미처 발견하지 못했던 자신 안의 또 다른 세상을 보았다.

세상 속으로 들어가기를 꺼려하던 아이들이 이제는 노인 시설에 찾아가 봉사 활동으로 공연도 한다. 그리고 사회적 기업에서 아르바이트를 하며 자신을 지지해 주고 격려해 주는 새로운 사람들을 만나 자존감을 회복하고 건강한 인간관계를 맺기도 한다. 또 사회적 기업 창업을 준비하거나 청소년 활동가로 일하는 아이들도 있다. 이제 아이들은 자신을 필요로 하는 세상이 있음을 알게 된 것이다.

집과 학교와 사회에서 낙인이 찍힌 아이들은 세상과 단절된다. 아이들은 스스로 그 문을 열고 나올 수 있는 힘이 없다. 이제 우리가 먼저 문을 열어 아이들을 맞이하고 손을 잡고 함께 걸어가야 한다. 아이들의 문제를 해결할 수 있는 사람은 어른들이다. 해결의 열쇠는 어른들에게 있다.

우리는 아이들에게 더 나은 미래를 만들어 주어야 할 의무가 있다. 그리하여 아이들에게 아직 다 보지 않은 미래가 있다고 말해 줄 수 있어야 한다. 그리고 아이들 안에 있는 가능성의 세상을 보여 주어야 한다. 또한 자기들도 기여할 수 있는, 자기들을 필요로 하는 세상이 있음을 보여 주어야 한다. 그리고 그 세상으로 가는 새로운 관계의 문을 우리가 열어 주어야 한다. 어른들은 아이들이 보지 못한 더 많은 세상을 보여 줄 의무가 있다.

내가 가야 할 길, '세품아'가 가야 할 길

나는 전문 교육자가 아니다. 교사 자격증이 있는 것도 아니고, 교육 전문 단체에서 일한 적도 없다. 굳이 나의 정체성을 말하자면 '내가 아는 많은 아픈 아이들과 함께 살면서 빈 자리를 채워 주는 아버지'다. 처음에는 명 씨 성을 가진 두 아들이 내 자녀의 전부였지만, 언젠가부터 다른 아들, 딸들이 보였다.

위기의 아이들과 10여 년을 함께해 오면서 나는 나의 존재 이유가 이 아이들 곁에 있는 것임을 깨달았다. 누군가는 이 아이들 옆에 있어 주어야 하는데 그게 나였고, 이제 또 다른 많은 어른들이 필요하다. 나는 우리 사회가 언젠가는 모든 아이들이 다시 다 제자리로 돌아오도록 항상 문을 열어 두는 사회가 되기를 소망한다. 진정한 어른, 진정한 아버지의 권위는 희생과 섬김과 기다림에서 온다고 나는 믿는다.

나는 목사다. 그런데 또 많은 사람들은 나를 아쇼카 펠로우로서 체인지메이커로 본다. 기독교에서는 하나님이 만든 아름답고 조화로운 세상이 인간의 욕심으로 깨어졌다고 본다. 망가진 것들을 원래의 아름다운 모습으로 되돌리는 것이 기독교에서 말하는 회복이다. 그래서 우리가 말하는 혁신이라는 단어와 기독교에서 말하는 회복이라는 단어는 일맥상통한다. 그런 의미에서 나는 목사이면서, 동시에 체인지 메이커다.

나는 아이들 하나하나가 회복되도록 노력하면서, 동시에 제도를 바꾸기 위해서도 뛰고 있다. 지금 아이들이 이렇게 망가질 수밖에 없는 구조의 문제도 있다는 것을 알게 되었고, 결국은 그것을 해결하지 않으면 안 된다는 걸 알기 때문이다. 그래서 나는 새로운 대안을 제시한다. 그것으로 아이들에게 아직 다 보여 주지 못한 세상을 하나 더 만들어 주는 데 일조하고 싶다.

이 땅을
품은

아이들에게

"누군가 한 사람,
당신을 위한 한 사람이 있음을 기억하세요."

기도하네

우리 어른들은 최선을 다해 여러분의 터전을 회복시킬 것입니다. 그동안 여러분이 해주어야 할 것들이 있습니다. 여러분은 부디 삶의 어떤 순간에도 포기하지 말고, 좌절하지 말고 버텨 주세요. 이미 쓰러진 아이가 있다면, 우리 손잡고 다시 일어서기로 해요.

눈 위가 가려진 꿩 이야기

눈 위가 가려진 꿩 이야기를 들어본 적이 있나요? 새 중에서 사육하는 것이 거의 불가능하다고 알려진 꿩을 사육하는 데 성공한 사람이 있었다고 합니다. 꿩의 다리를 묶은 것도 아니고, 사육장 위에 망을 씌우지도 않았는데, 수천 마리의 꿩들이 날아오를 기미를 보이지 않고 열심히 모이만 쪼고 있었다고 합니다.

어떻게 된 일일까요? 누군가 꿩의 눈 위에 막을 씌웠더니 눈 위가 가려져 보이지 않자 두려워서 하늘 위로 날아오를 생각을 못한 것이죠. 꿩은 원래 두려움이 많은 새라고 합니다. 힘차게 날아오를 수 있는 두 날개와 힘이 있었지만, 눈 위가 가려진 꿩은 두려움 속에 사육장 안에서 먹이만 쪼며 살아갔습니다. 혹시 우리가 '눈 위가 가려진 꿩'처럼 살아가고 있는 것은 아닐까요.*

한 아이가 있었습니다

우리의 삶은 우리 스스로 선택할 수 없는 많은 것들에 의해 결정됩니다.

캄보디아 수도 프놈펜의 철길 옆 빈민가에 사는 아이가 있습니다. 이 아이는 아주 영리합니다. 공부도 잘하고 예의도 바릅니다. 그런데 이 아이는 학교에 다니지 않습니다. 학교에 다니지 못합니다. 아버지는 마약 중독자입니다. 엄마는 아침부터 저녁 늦게까지 일을 하러 다닙니다. 이 아이는 어린 동생을 돌보느라 학교에 가지 못합니다. 이 아이는 캄보디아의 빈민가에서 태어나기를 선택하지 않았습니다. 이 아이는 캄

* 김용의, ≪다시 복음으로≫(예수전도단)에 나오는 내용이다.

보디아에서 철길 옆 빈민가에 사는 마약 중독자의 딸로 태어나기를 선택하지 않았습니다. 자신이 선택할 수 없었던 것이 이 아이의 삶을 결정지었습니다. 이 아이는 조금 더 크면 다른 아이들처럼 공장에 가게 될 것입니다. 그리고 한 달에 50-60달러를 벌기 위해 고된 노동을 하게 될 겁니다. 그것은 이 아이의 선택이 아니었습니다.

한 아이가 있었습니다. 이 아이는 포크레인 뽑기를 너무나 좋아하는 아이였습니다. 엄마는 길에서 포크레인 뽑기 하는 것을 좋아하지 않았습니다. 어느 날 엄마가 세 살배기 아이를 데리고 포크레인 뽑기 앞으로 갑니다. 그리고 동전을 잔뜩 바꿔서 기계 위에 올려놓았습니다. 아이는 정신없이 뽑기를 합니다. 신이 나서 시간가는 줄 모릅니다. 시간이 지나자 동전이 없어집니다. 아이는 뒤를 돌아봅니다. 엄마가 없습니다. 아이는 울며 엄마를 찾습니다. 그때가 엄마를 마지막으로 본 때입니다. 그 아이는 지금 청년이 되었습니다. 아직까지 엄마를 보지 못했습니다. 그 아이는 할머니 손에 자랐습니다. 아이는 초등학교에 들어가면서 축구를 시작합니다. 축구에 뛰어난 재능을 보였습니다. 유소년 대표 공격수로 뛸 만큼 재능이 있었습니다. 그러나 아이는 축구 선수 생활을 하지 못합니다. 선수 생활을 하는 데 드는 비용을 감당할 수 없었기 때문입니다. 축구를 그만두자 삶의 목표가 사라졌습니다. 그리고 마음속에 분노가 쌓여 갑니다. 운동하느라 공부를 한 적이 없기에 학과 공부도 따라갈 수 없었습니다. 수업 시간은 고통의 시간이 되었습니다. 집에서는 아이의 공부를 도와줄 사람도 없습니다. 이 아이는 서서히 사람들이 말하는 비행 청소년이 되어갑니다.

이 아이는 엄마를 내쫓은 적이 없습니다. 이 아이가 선택한 것이 아닙니다. 이 아이는 축구를 그만두고 싶지 않았습니다. 이 아이가 선택한 것이 아닙니다. 이 아이의 인생은 스스로 선택할 수 없는 많은 상황들이 결정적인 영향을 미쳤습니다.

여러분이 선택하지 않은 많은 것들이 여러분의 인생을 만들어 왔습니다. 그렇다면 여러분이 선택하지 않은 것들에 의해 지배당하지 않는 인생을 살 수는 없을까요? 우리가 선택할 수 있는 것들은 얼마나 될까요? 우리가 선택할 수 있는 것에는 어떤 것들이 있을까요? 작지만 결국에는 강력한 힘을 발휘하는 선택들이 있습니다. 여러분의 그러한 선택이 여러분의 미래를 만들어 가는 삶을 살 수 있기를 바랍니다.

상처가 별이 되다

누구에게나 아픔이 있습니다. 이 세상에 상처와 아픔이 없는 사람이 있을까요? 우리는 살면서 많은 일들을 겪고, 많은 사람들과 관계를 맺으면서 크고 작은 상처들을 받습니다. 한편으로 우리의 삶은 이러한 상처들로 점철된 것이라고 말할 수도 있습니다.

오해와 다툼, 따돌림 등으로 친구들에게 받는 상처, 이해받지 못하고 용납받지 못하고, 인정받지 못하는 좌절감 등 부모님에게 받는 상처, 이성 친구에게서 받는 상처, 꿈과 노력이 좌절되어 받는 상처 등이 있습니다.

저는 초등학교 때 정말 억울한 일을 겪었습니다. 청소 시간이었는데, 저는 복도를 쓸고 있었습니다. 열심히 청소를 하는데 담임 선생님이 걸어오시는 게 보였습니다. 그래서 인사를 하고 계속 청소를 했습니다. 담임 선생님이 바로 앞에 오셨을 때쯤 옆으로 비질을 계속 했습니다. 그런데 공교롭게도 선생님이 내가 피하며 비질을 하는 쪽으로 움직이셨습니다. 그래서 저는 다시 반대쪽으로 움직여서 비질을 했는데 선생님이 또 그쪽으로 발걸음을 옮겼습니다. 저는 다시 옮겨서 비질을 했는데 또 다시 선생님과 마주쳤습니다. 그러자 선생님이 들고 있던 몽둥이로 제 머리를 치며 말했습니다. "나한테 잘 보이려고 발 앞을 쓸며 쫓아다니냐, 이놈아!" 저는 잘 보이려고 그렇게 하지 않았습니다. 다만 선생님을 피해서 비질을 하려 했을 뿐입니다. 청소하던 모든 아이들이 몽둥이로 머리를 맞는 저를 보며 키득거렸습니다. 너무 억울해서 눈물이 났습니다. 너무 화가 나고 억울했습니다. 여러분도 억울해서 미칠 지경이었던 경험이 있을 것입니다. 아주 사소한 것 같은 이런 아픔에서부터 그 누구도 감당할 수 없을 것 같은 거대한 아픔까지, 우리의 삶에는 힘겨운 순간들이 참 많습니다.

우리가 살면서 이러한 수많은 상처를 안고 살아간다는 것을 생각해 보십시오. 상처를 전혀 받지 않고 살아갈 방법이 있을까요? 삶이란 우리 마음대로 되지 않는 것 같습니다. 마음대로 훨훨 날고 싶고, 달려가고 싶은데, 이러한 일들을 겪을 때마다 우리는 답답하고 화가 납니다. 그렇다면 우리는 이런 현실 속에서 무엇을 할 수 있을까요? 우리는 상처받고 쓰러져 웅크리고 있을 수밖에 없을까요?

여러분은 여러분 앞에 놓인 힘겨운 상황들, 그 속에서 겪는 상처와 아픔들을 어떻게 바라보시나요? 우리가 할 수 있는, 작지만 강력한 선택은 바로 그 힘겨운 상황들, 그 상처와 아픔들을 어떻게 바라보느냐 하는 것입니다. 그것들을 어떻게 바라보느냐에 따라 여러분의 인생은 달라집니다. 상처와 아픔들 속에서 좌절하고 만다면, 그 상처와 아픔은 내 삶을 끊임없이 고통스럽게 하는 올무가 될 뿐입니다. 여러분의 상처와 아픔들을 오히려 소중하게 생각해 보는 것은 어떨까요? 여러분의 상처와 아픔들은 여러분의 인생을 튼튼하게 하고 씩씩하게 해쳐 나가도록 하는 근육이 될 수 있습니다. 여러분의 상처와 아픔들은 여러분의 아름다운 인생을 개척해 나가기 위해 꼭 필요한 인생의 근육들입니다. 이 인생의 근육들은 여러분의 미래에 아름다운 자산이 될 것입니다. 또 한 가지 여러분이 잊지 말아야 할 중요한 사실이 있습니다. 우리 인생의 모든 힘겨운 순간들은 지나간다는 것입니다.

누군가 널 위해 기도하네

그리고 누군가 한 사람, 여러분을 위한 한 사람이 있음을 기억하세요. 지금 당장 옆에 없더라도, 누군가 여러분의 아픔을 깊이 공감하는 한 사람이 있음을 기억하세요. 여러분을 위해 기도하는 사람들이 있음을 잊지 마세요. 지금 당장 여러분을 이해해 주지 못하고 위로해 주지 못할지라도 여러분이 상처를 딛고 일어서기를 마음 깊이 바라며 기도하는 이들이 있음을 잊지 마세요.

부족해도 괜찮아

동물들의 학교 이야기를 들려드리겠습니다. 어느 날 여러 동물들이 모여 좀 더 나은 삶을 살기 위해 학교를 세우고, 달리기와 등반과 수영과 날기 기술들을 연마하기로 했습니다.

그 가운데 오리는 가르치는 교사보다도 더 나은 수영 실력을 보여 주었으나 날기 수업은 간신히 통과했고, 뛰기 수업은 영 신통치가 않아 수영을 당분간 쉬고 방과 후에까지 남아 뛰는 연습에 더 매진해야 했습니다. 그러고는 뛰는 연습을 하는 중에 물갈퀴가 많이 상해 수영에서 간신히 평균 점수를 받게 되었죠. 다들 과히 나쁘지 않은 점수라며 괜찮다고 했지만, 오리는 결코 만족스럽지가 않았습니다.

다음은 토끼가 뜀박질에서 단연 1등을 차지했습니다. 그러나 수영을 남들만큼 하기 위해 수영 연습을 하다가 다리 근육이 꼬여 낭패를 겪었습니다. 이번엔 다람쥐가 나무 타기에 단연 독보적인 실력을 발휘했습니다. 그러나 날기 수업 교사가 가르치길, 나무 위에서 내려오는 게 아니라 땅 밑에서 위로 날아올라야 한다고 해서 나무타기가 매우 곤란해졌습니다. 그래서 결국 나무타기도 C를 받고 달리기는 D를 받고 주저앉았습니다. 마지막으로 독수리는 나무 꼭대기에 오르기를 누구보다 잘했지만 다른 이들과 달리 자기 고유의 방식과 기술을 고집하자 심각한 훈계 조치를 받고 문제 학생으로 남게 되었습니다.*

이 이야기가 주는 분명한 가르침은, 오리와 토끼와 다람쥐와 독수리가 모두 특별한 노력이나 애를 쓰지 않아도 각자 잘 해낼 수 있는 타고난 재주와 능력이 있고, 아무리 기를 쓰고 해보려고 해도 잘 안 되거나 못한다 해도 살아가는 데 아무 지장이 없는 재주와 능력도 있다는 것입니다.

여러분은 여러분의 부족함을 어떻게 바라보나요? 주위 사람들은 나의 부족함을 어떻게 바라보나요? 그 누가 어떻게 바라보더라도 변하지

* 교육학자 리브스(R.H.Reeves) 박사가 쓴 우화 '동물학교 이야기'의 내용이다.

않는 사실이 있습니다. 여러분은 이 세상에 단 한 사람 여러분만이 가진 독특함을 안고 태어났다는 사실입니다. 여러분은 독특한 존재입니다. 부족하다는 것은 무엇인가를 비교 대상으로 놓았을 때 내릴 수 있는 판단입니다. 하지만 여러분은 무엇인가와 비교할 수 있는 존재가 아닌, 여러분만이 가진 독특함으로 평가받아야 할 존재입니다. 그 누가 무엇이라고 말해도 여러분 자신만은 스스로를 부족한 존재로 바라보지 마세요. 여러분은 스스로를 있는 그대로 바라보고, 여러분의 모습을 사랑할 수 있기를 바랍니다.

당당한 나의 선택

인생은 내가 선택할 수 없는 많은 것들로 이루어지기도 하지만, 한편으론 우리가 선택할 수 있는 것들도 있습니다. 그것은 매우 중요합니다. 우리가 선택하지 않은 것들이 우리의 삶을 짓누를 때, 우리의 용기 있는 작은 선택이 그 삶을 바꾸는 방향키가 되기도 하기 때문입니다.

외롭고 힘이 들어 믿고 의지할 친구가 필요한가요? 그런데 아무리 주위를 둘러보아도 그런 친구가 보이지 않나요? 좋은 친구를 찾거나 기다리지 않고 내가 누군가에게 좋은 친구가 되어 줄 수 있습니다. 내 옆에는 또 다른 누군가가 그런 친구를 간절히 기다리고 있기 때문입니다. 내가 누군가에게 좋은 친구가 되어 주었을 때, 그 기쁨을 알고 싶지 않나요?

누군가가 가진 것이 부러워 심술이 나지는 않나요? 하지만 잠시 눈을 돌려 내가 가진 것을 찾아봅시다. 그리고 그것을 갈고 닦았을 때 누군가가 가진 그것과 비교할 수 없는 나만의 찬란한 빛을 내는 걸 경험해 보고 싶지 않으세요?

많은 사람들이 가는 길이 있습니다. 그 길을 가기 위해서는 갖추어야 할 것들도 있습니다. 모두들 그것을 갖기 위해 발버둥칩니다. 그리고 누구도 가지 않는 좁은 길이 있습니다. 왜 나는 남들이 다 가는 넓은 길이 아닌 좁고 험난한 길을 가고 있을까? 힘이 들고 억울한가요? 그런데 혹시 이런 생각을 해본 적이 있나요? 중요한 건 어떤 길을 가는가가 아니라, 그 길의 끝에 무엇이 있는가입니다. 넓은 길의 끝은 어쩌면 낭떠러지일지도 모릅니다. 여러분, 끝을 바라보고 그곳이 진정 여러분이 가 닿아야 할 곳이라면 좁은 길을 마다하지 마세요. 여러분이 가 닿을 곳은 어쩌면 그 좁은 길이 아니면 가 닿을 수 없는 빛나는 승리가 기다리는 곳일지 모릅니다.

우리 삶에는 좌절할 만한 많은 이유들이 있습니다. 절망스러운 일들이 얼마나 많습니까. 미워할 수밖에 없을 것 같은 사람들이 얼마나 많습니까. 후회할 일은 또 얼마나 많은지요. 분노하고 화를 내야 할 일도 너무나 많은 것 같습니다. 그러나 여기서 여러분은 선택할 수 있습니다. 절망 너머 희망을 바라볼 것인지, 미움을 넘어 사랑을 선택할 것인지, 좌절을 넘어 다시 한 번 도전할 것인지, 후회에 머물 것인지, 반성에 이를 것인지, 분노하지 않고 용서할 것인지, 그리고 그 선택의 결과는 너무나 다를 것이라는 사실을 기억했으면 좋겠습니다.

시간이라는 마법

저는 여러분보다 조금 더 많은 시간을 살아왔습니다. 그런데 그 시간 동안 한 가지 알게 된 것이 있습니다. '시간'이라는 마법에 대한 것입니다. 지금 생생한 상처가 조금씩 조금씩 아물어지게 하는 시간의 마법. 보잘것없어 보이는 나의 작은 재능을 반짝이는 보석으로 빛나게 해주는 시간의 마법. 참을 수 없는 존재의 가벼움 속에서 방황하던 내가 누군가에게 폭풍 존재감이 되는 시간의 마법.

그 시간이라는 마법은 사용법이 있답니다. 그것은 바로 '버티기, 즐기기, 끝까지 포기 하지 않기'입니다.

당장 시작하기

이제 절망 속에 웅크리지 말고 당장 시작하기로 해요. 이것저것 너무 많이 생각하기보다 지금 시작하고 시행착오를 통해 배우는 겁니다. 실패는 젊음의 특권이니까요. 언제나 당당함으로 나아가세요. 여러분에게는 무한한 가능성이 있습니다.

무엇을 하며 어떻게 살 것인가

여러분은 무엇을 위해 살기를 원하십니까? 자신이 좋아하는 것을 위해 사는 사람이 있습니다. 수입을 우선적으로 추구하며 사는 사람이 있습니다. 안정성을 제일 중요하게 여기며 사는 사람도 있습니다. 가치 있는 것을 하며 살기를 원하는 사람이 있습니다. 여러분의 인생에는 무엇이 가장 중요한가요?

어떤 이에게 직업은 하나의 수단입니다. 자신이 추구하는 것, 꿈꾸는 것을 이루기 위한 하나의 방편이죠. 내가 어떤 직업을 갖든지 내가 추구하는 가치에 초점을 맞추고 그 일을 해나가려는 사람입니다.

이런 사람도 있습니다. 일본의 오타쿠 중에 오로지 인형만을 위해 사는 사람이 있습니다. 명문대를 졸업했지만 자신이 좋아하는 인형을 위한 것 외에는 기본적인 생계를 위한 일만 하며 살아갑니다. 이것이 자신이 좋아하는 것을 추구하며 행복하게 사는 삶일까요?

간호사가 꿈인 사람이 있었습니다. 간호사가 되기 위해 열심히 공부하고 노력하여 드디어 간호사의 꿈을 이루었습니다. 그런데 간호사로서의 삶에서 보람을 느끼지 못합니다. 이 사람이 진정으로 꿈꾼 것이 간호사라는 직업이었다면, 무언가 잘못된 것이 아닐까요? 직업은 꿈이 아니라, 꿈을 이루는 방편이 되어야 합니다.

돈이 직업과 진로의 기준인 사람이 있습니다. 안정적인 수입을 위해 무엇이든 하려는 사람도 있죠. 그렇다면 돈을 위해 많은 것을 희생하는 삶이 여러분이 추구하는 삶인가요?

자, 무엇이 여러분의 삶을 행복하게 할까요? 인생의 성적표는 언제 매겨지는 것일까 생각해 본 적이 있나요? 인생의 성적표는 죽음 앞에 섰을 때 매겨집니다. 내가 죽음 앞에 이르렀을 때 나는 과연 무엇을 후회할까 깊이 생각하는 시간을 가져 보시기 바랍니다. 재미있게 놀지 못한 것을 후회하게 될까요? 돈을 많이 벌지 못한 것을 후회하게 될까요?

꿈은 이미 여러분 안에 있습니다

청소년들에게는 모든 세상사가 대부분 처음 겪는 일입니다. 그러니 실패할 수 있고, 실패할 자유가 있습니다. 모험을 두려워하지 말고 다양한 경험을 통해 많은 것을 발견하며 살아가세요. 세상이 바라보는 시선의 노예가 되지 마세요. 꿈꾸기를 포기하지 마세요. 젊은이에게 가장 큰 재앙은 꿈을 꾸지 않는 것입니다.

무엇보다도 최선의 나 자신이 되는 것을 꿈꾸어 보세요. 먼저 여러분 자신을 발견하세요. 여러분의 꿈은 이미 여러분 안에 이루어졌답니다.

세상을 품은 아이들

초판 인쇄 2016년 5월 6일
초판 발행 2016년 5월 10일

지은이 명성진
펴낸이 유해룡
펴낸곳 (주)스마트북스
출판 등록 2010년 3월 5일 | 제313-2011-44호
주소 서울시 마포구 성미산로 84 (성산동) 월드PGA빌딩 4층
편집 전화 02)337-7800 | **영업 전화** 02)337-7810 | **팩스** 02)337-7811
홈페이지 www.smartbooks21.com

기획 · 편집 김상아 | **교정 · 교열** 박소현 | **마케팅** 윤영민 | **디자인** 어수미
ISBN 979-11-85541-36-5 03330

원고 투고 : webmars@msn.com